意思決定者を動かすテクニックとおもてなしの心

プロの資料作成力

日本IBM グローバル・ビジネス・サービス事業部
ラーニング&ナレッジ部門リーダー

清水久三子
Kumiko Shimizu

東洋経済新報社

はじめに

なぜ今、資料作成力なのか？

　ビジネスにおいて資料や書類を作成することを「ドキュメンテーション（Documentation）」と言います。本書でご紹介するのは、資料の作り方、つまりドキュメンテーションのテクニックです。

　提案する、報告する、交渉するといったビジネスのやりとりは、基本的に資料や書類を使って行われます。業種業界にかかわらず、資料や書類の作成は、すべてのビジネスパーソンにとっての必須のスキルです。

　資料の作り方ひとつでビジネスの成果が変わる、と言っても、決して大げさではありません。資料は、相手に何かを伝え、アクションを引き出すために作るものです。見栄えだけがよくて中身がない資料というのは論外ですが、たとえ提案する内容や交渉する条件が良くても、それを資料にうまく落とし込むことができずに、相手に理解されなかったり、アクションを引き出せないということは往々にしてあるのです。資料作成のスキルを高めれば、仕事の成果が2倍、3倍になるということはないでしょう。しかし、そのスキルが足りないために、仕事の成果が2割減、3割減になっている人はめずらしくないのです。

　そんなに大事なスキルであるにもかかわらず、資料作成については、これまであまり重視されていなかったようです。読者のみなさんもこれまで、資料の作り方について、誰かに習ったり、本などから基礎を学んだことは、ほとんどないのではないでしょうか。

　私はこれまで社内外の方を対象に、延べ2000人以上の方にドキュメンテーションの研修を行ってきました。その多くは、すでにビジネスの第一線で活躍されている方々であり、これまで毎日のように、資料を作ってきた方々ですが、そんな彼ら彼女らが、私の研修を受けて「目から鱗が落ちた」と言います。それほど、自己流で、あるいは会社の上司や先輩の方法を模倣している方が多いのです。

しかし、これまでなんとかなっていた人も、ここで資料作成のノウハウを、いまいちど確認しておいたほうがいいでしょう。これからはなんとかならないようになるとともに、今後資料作成のスキルの重要性がますます高くなるからです。

　なぜなら今後、ビジネスが多様化、複雑化するのに伴い、会社や業界の垣根を越えて、提案や報告、交渉をする必要に迫られるからです。共通言語が異なる相手にも伝わる資料を作る力が問われてくるのです。

　また、スピードも重要です。社会の情報化が進むにつれ、その膨大な情報の中から必要とするものを取捨選択する時間はますます貴重になりつつあります。特に私たちコンサルタントの場合は、ビジネスの相手がエグゼクティブの方である場合が多く、資料をじっくり読んでもらい、説明時間もたっぷりとっていただける機会はほとんどありません。読まなくてもパッと目を通すだけで、内容を理解していただき、興味を抱かせるような資料を作らないと仕事にならないのです。

　このような、相手にすぐに理解され、行動を引き出すことができる資料を作る力は、コンサルタントだけでなく、これからはすべてのビジネスパーソンにも求められることでしょう。

　本書の構成ですが、まずchapter 1では、ビジネスに求められる資料の条件をご説明します。資料は「わかる」ことが重要ですが、そもそも「わかる」とはどういう状態で、その状態にするには何が必要なのかを理解しておく必要があります。実は「わかる」には、内容の意味が「わかる」ことと、内容の意義が「わかる」という2つの意味があります。前者は「なるほど、わかった」と意味を理解できることであり、後者は「よし、わかった」と趣旨に賛同して行動できることです。資料作成に求められるこの2つの「わかる」について、確認しておきます。

　そしてchapter 2では、まず「意義がわかる」＝行動を引き出す資料を作るための方法をご紹介します。資料の作り方というとchapter 3以降の「意味がわかる」ための方法、たとえばスライドのレイアウトやカラーリング、チャートの使い方など、見た目のテクニックが想起されが

ちです。確かに資料には、見た目も重要ですが、それは最後の「仕上げ」の話です。まず一番重要なことは、「伝える目的」と「伝える相手（ターゲット）」、そして「伝えたい内容（メッセージ）」を明確にすること。ここがぶれたままでは、どんなに見栄えのいい資料を作っても、相手に刺さらず、何らアクションを引き出すことはできないでしょう。残念なことに、資料を作る人の多くが、見た目の作りこみに力を入れても、資料の目的、相手、内容について、実は考え切れていないのです。

外資系コンサルタントは、資料の作り方やプレゼンがうまいとよく言われます。誤解されることが多いのですが、なぜ彼らがうまいのかというと、パワーポイントの扱いやビジュアルの使い方に長けているからではないのです。より本質的な理由は、彼らが、資料の目的、相手、内容について、ロジカルに考え尽くしているからです。私が新人コンサルタントに最初に教えるのもこの点です。パソコンに触るのは本当に最後の仕事。最初は、自分の頭と、手書きとで、目的、相手、内容について考え尽くす必要があります。その方法をchapter 2でご紹介します。

見た目や読みやすさ、わかりやすさを追求する「意味がわかる」資料の作成方法についてはchapter 3～6でご紹介します。ここでは、パッと見ただけで内容がわかるような、資料の構成、チャートの作り方、ビジュアル効果の使い方の、プロのテクニックをご紹介します。また、最後のchapter 7では、資料作成の基本を踏まえたうえで、そのスキルを向上させるためのさらなるヒントを、いくつかご紹介いたします。

本書を読んで一人でも多くの方が、資料作成における悩みや迷いを解消され、プロのビジネスパーソンとして、さらに活躍されることを願っております。

contents

プロの資料作成力

はじめに ――――――――――――――――――――― 3

chapter1
プロフェッショナルの資料に求められるもの

01 「わかる」「伝わる」資料の条件 ――――――――― 12
02 「わかる」「伝わる」資料を作るには ――――――― 16
03 プロフェッショナルな資料の3つの要件 ――――― 20
04 「わかる」「伝わる」資料作成のステップ ――――― 24

chapter2
［意義がわかる資料の作成方法］
「目的」「ターゲット」「メッセージ」の明確化

01 いきなりパワーポイントを立ち上げてはいけない ―― 28
02 ［Step1 目的］目的を明確にする ――――――――― 30
03 ［Step2 ターゲット］ターゲットを知り仮説を立てる ―― 35

04 ［Step3 メッセージ］メッセージ＆ストーリーボードの作成 ———— 49
05 「目的」「ターゲット」「メッセージ」を考える順番 ———— 60
06 山田君の資料作成ストーリー ———— 61

chapter 3
［意味がわかる資料の作成方法］
資料の構成を考える

01 ［Step4 構成］資料全体の構成を考える ———— 80
02 ［Step4 構成］スライド内の構成を考える ———— 86
03 ［Step4 構成］構成の応用編 ———— 89

chapter 4
［意味がわかる資料の作成方法］
情報の質と量を最適化する

01 ［Step5 ビジュアル化］情報の質を高める ———— 92
02 ［Step5 ビジュアル化］情報の量を適切にする ———— 99

contents

chapter 5
[意味がわかる資料の作成方法]
ビジュアルオブジェクトの
テクニック

- 01 [Step5 ビジュアル化]表を加工する ———— 108
- 02 [Step5 ビジュアル化]グラフを加工する ———— 120
- 03 [Step5 ビジュアル化]チャートを加工する ———— 128
- 04 [Step5 ビジュアル化]オリジナルチャートの作り方 ———— 134

chapter 6
[意味がわかる資料の作成方法]
ビジュアルエフェクトの
テクニック

- 01 [Step5 ビジュアル化]ビジュアルエフェクト ———— 158
- 02 [Step5 ビジュアル化]カラーリング ———— 160

03 ［Step5 ビジュアル化］イラスト ———————— 164
04 ［Step5 ビジュアル化］アニメーション ———————— 166

chapter 7
資料のクオリティを高めるヒント

01 「おもてなしの心」を養う ———————————— 170
02 「料理のテクニック」を高める ———————————— 176
03 レビューによる資料のクオリティの向上 ———————— 181

おわりに ———————————————————— 188

［装丁］重原隆
［本文デザイン・DTP］
高橋明香
（おかっぱ製作所）

chapter **1**

プロフェッショナルの資料に求められるもの

01

「わかる」「伝わる」資料の条件

2つの「わかる」

「わかる」「伝わる」資料を作る前提として、まず、「わかる」ということの意味を改めて考えてみましょう。

「わかりやすい資料を作りたい」と、日頃ドキュメンテーションに携わるビジネスパーソンであれば誰しもが思うことでしょう。しかし、そもそも「わかる」とは、どういうことなのでしょうか。どういう状態を指して「わかる」と言っているのでしょうか。まずここを明らかにするところから始めます。

くどいようですが「わかる」ということがわかると、どうしたらわかりやすくなるかがわかりますし、わかりやすい資料を作るポイントもわかってきます。逆に言えば、ここがわかっていないと、わかりやすい資料は作ることはできません。

では、「わかる」とは、そもそもどういう状態でしょうか。

ビジネスにおける「わかる」には、2つの意味があります。

1つは、言っていることの意味がわかる。文字どおり「意味を理解する」という意味。

もう1つは、意味を理解した上でその意義がわかる＝「意義を納得する」という意味です。ビジネスに限らず話をした後に相手に「よくわかったか？」と確認する場合がありますが、この場合の「わかる」です。

そしてこの2つの意味に対応し、「わかった状態」というのも違ってきます。

図01 「わかる」とは？

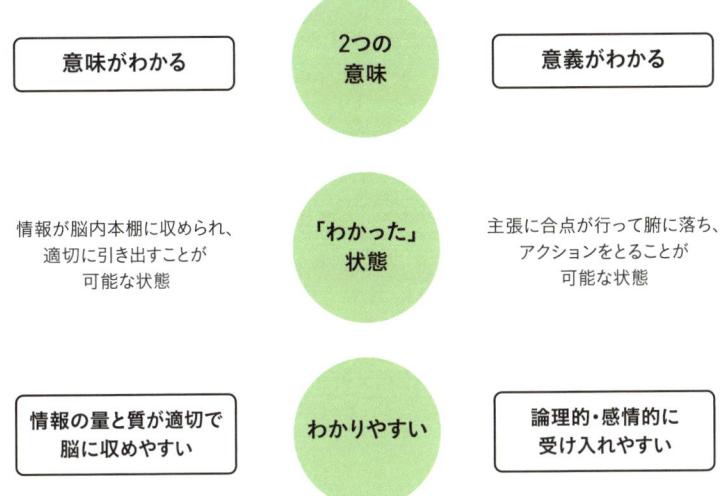

意味がわかる

　意味が「わかる」（＝「意味を理解する」）という場合、「わかった状態」というのは、その言葉の意味がわかるということですから、言い換えれば、情報を自分の脳内の本棚のどこに収めたらいいのかがわかることと言えます。また、収めただけではなく、必要な場合には、それを適切に引き出して使うことができる状態を指します。

　この場合「わかった状態」を確認するには、自分の言葉で説明できるかどうかを試してみるとよいでしょう。単に丸暗記ではなく自分の言葉に置き換え、さらにいろいろ例もあげて説明できるようであれば、脳内の適切なコーナーにしっかり収まっていると言えます。

意義がわかる

　もう1つの「わかる」、つまり「意義がわかる」という場合は、言われた内容の主張が腑に落ちて、アクションをとることが可能な状態を指

します。

　この場合「わかった」状態を確認するには、意味を聞くというよりは、「では、次に何をしたらいいと思いますか？」と、とるべきアクションを聞いてみるとよいでしょう。この質問が難なく答えられるようであれば、言葉の意味を理解するだけではなく、その「意義を納得する」こともできているということです。

　そして、ビジネスにおける「わかる」とは、この2つの「わかる」がともにわかった状態だと言えます。意味がわかって、意義もわかって、初めて「わかった」と言えるのです。

その資料は、なぜわかりにくいのか？

　そもそも書いてあることの「意味」がわからないものは、資料として論外とも思えますが、残念ながらよく見受けられます。内容は受け入れられるものであるはずなのに情報加工が不適切のため、「意味」がわかりにくくなっているケースです。

　また「わかるけど、アクションに移せない（やりたくない）」という、「意味」はわかるけど「意義」を理解・納得できていないというケースもよくあります。言っていることの意味は理解できても、「で、私はどうすればいいの？」という状態で、何をすればいいのかがよくわからない、あるいは腑に落ちていないのです。

「ではどうすればいいんですか？」
「おっしゃっていることはごもっともですが……」

　こういったやりとりは、みなさんの周りでもよく見られるのではないでしょうか。これは、やはり「意味」は理解できたものの「意義」が納得できておらず動けなかったということなのです。

「わかる」「伝わる」資料とは？

「わかりやすい」「相手に伝わる」資料は、この２つの「わかる」について、ともにわかりやすい状態である必要があります。

　まず、「意味を理解」してもらうためには、情報の量と質が適切で脳の本棚にちゃんと収めやすいような塊になっており、適切なインデックスが付いて引き出しやすい状態にする必要があります。

　加えて「意義を納得」してもらうには、まず内容に論理的にエラーがないことが必要です。しかし、ただロジックが通っているだけでは不十分で、感情的にもそれが受け入れられるかどうかがキーになります。

　ロジックだけを訴えていてもそれだけで人は納得しませんし、動くこともありません。頭で理解されるだけではなく感情的にも受け入れてもらう資料を作成することが大切なのです。

02

「わかる」「伝わる」
資料を作るには

「おいしい料理」を例に「わかる資料」を考えると……

　「意味を理解する」「意義を納得する」という2つの「わかる」と、それぞれの「わかりやすさ」について確認できたところで、では、わかりやすくするためにはどうしたらよいのかを考えてみましょう。

　わかりやすくするための方法の1つに、比喩を使うことがあります。別のものにたとえることによって、その本質が見えやすくなります。

　ここでは、「わかりやすい」を「おいしい」という別の言葉に置き換えて考えてみましょう。

　「おいしい」というのは、どういう状態でしょうか。

　1つは、素材の質と量や料理方法が適切で、いわゆる「食べやすい」状態です。にんじんが丸ごと出てきたら、さすがに食べにくいですが、きちんとみじん切りされて、スープに入っていたら食べやすくなる。このような意味で、まず、咀嚼しやすい、飲み込みやすい、料理法が適切。これが「おいしい」状態の1つと言えます。

　これを資料の「わかりやすさ」に戻すと、情報の量と質が適切で脳に収めやすい状態であることと対応しています。

　もう1つは、メニューや献立が、その時の状況や相手の身体の状態にふさわしいということ。実は万人が常に「おいしい」と感じる料理というものはなく、その人が置かれているシチュエーションや身体の状態に応じて、「おいしさ」というものは大きく変わってきます。

　例えば、真夏の炎天下ですごく熱いラーメンを出されたら、かなりのラーメン好きでも、さすがに今は食べたくない、と思うときがあるでし

しょう。逆に、砂漠で咽がカラカラの状況下では、たとえ一杯の水でも、ものすごくおいしいと感じることでしょう。

このように、自分のその時のシチュエーションや体調に合ったメニューや献立であること、これがもう1つの「おいしい」状態だといえます。

これを資料の「わかりやすさ」に戻すと、誰にとってもどんな状況でもわかりやすい資料というものはなく、対象や相手が置かれた状況を配慮して、それぞれに合ったドキュメンテーションを意識することが必要になります。それが論理的にも感情的にも受け入れやすい状態と言えるでしょう。

資料作成における「料理のテクニック」

こうしたことを踏まえて、「わかりやすい」「相手に伝わる」資料を作るために必要なスキルやマインドは何かを考えてみましょう。

1つ目の「わかりやすい」＝「情報の量と質が適切で脳に収めやすい」状態は、「おいしさ」にたとえると「食物の質・量・調理方法が適切で食べやすい」状態と言えます。

この状態を提供するために必要なスキルは、ずばり「料理のテクニック」です。野菜の切り方がわかっている、炒め方が適切で素材の美味さを引き出せるということ。これは、プロのスキルとして必ず必要になってくるベーシックな部分です。

資料作成における「おもてなしの心」

もう1つの「わかりやすい」＝「論理的にも感情的にも受け入れやすい」状態とは、たとえると、「メニューがその時の状況や相手の身体の状態にふさわしい」状態と言えます。「今すごく急いでいるみたいだから、熱々のものは食べられないだろうし、おにぎりなどさっと食べられるものがいいかも」。あるいは、「病み上がりには消化しやすいものがいいのでは？」。あるいは、同じメニューを作る場合でも「東北の方だか

図02 2つの「わかりやすさ」を「おいしさ」にたとえて考えてみる

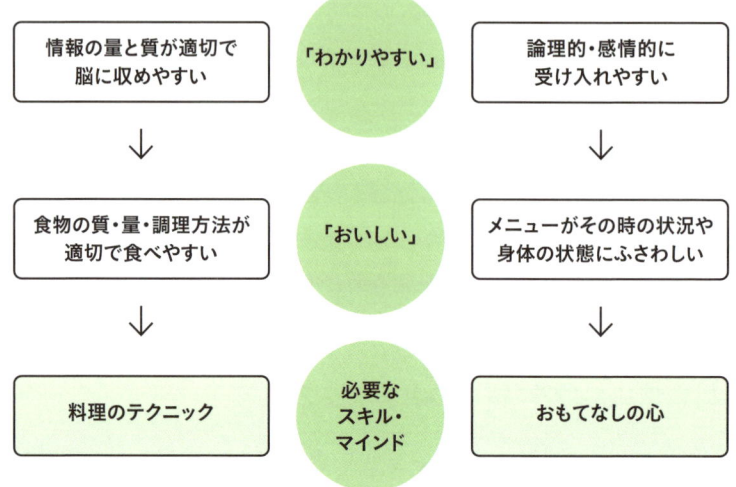

ら塩味を効かせてみたらよいかな」といった、相手のことをどれだけおもんぱかれるか、という話です。

この状態を提供するために必要とされるのは、スキルというよりマインド、いわば「おもてなしの心」といったようなものなのです。

ビジネスパーソンとしてのキャリアがまだ浅い方は、どちらかというと、「料理のテクニック」がまだ不十分なことが多いといえます。だから、まずは、素材の切り方や炒め方といった料理のベースにあたるビジネス資料の作り方の基本をしっかり身につける必要があります。

ビジネスの場でキャリアを積み、立場が上がっていくと、資料を作るシチュエーションはどんどん複雑になっていきます。1つ基本的なやり方がわかっていたとしても、それを相手によって、状況によって、変えていくことが求められます。

イタリア料理の専門家だからといって、イタリアンの得意メニューだけに頑なにこだわり続けるということでは通用しません。イタリアンをベースにしながら、和食の素材を使ってみたり、フレンチのテイストを

加えてみたり、色んな引き出しを持ってお客様に対応する必要があるでしょう。
　ビジネスも同じで、キャリアを重ねるに従って相手の嗜好や状況に合わせた「おもてなしの心」というものが、重要になっていきます。さらに言うならば、それがなければ自身の差別化さえ危うくなってくるかもしれません。

chapter 1　プロフェッショナルの資料に求められるもの

03
プロフェッショナルな資料の3つの要件

要件①期待値を理解している

「ビジネスパーソンはみんなプロフェッショナルたれ」という今の時代、プロフェッショナルが作る資料には3つの要件が必要です。

1つは、相手の期待値を理解していることです。これは、先ほどの「おもてなしの心」から派生するものですが、例えば、相手は急ぎで何か知りたいことがあるのか、逆にじっくり時間をかけて情報収集しようとしているのか、あるいは知るというより意思決定をしたいのか、そうした相手の期待値を理解していることが、まず必要になります。

資料を説明した相手の方に「私がほしいものはこれではない」と言われて、「そういうことだったら、最初から言ってください」と反論する人がいますが、これなどは、期待値を読みきれていない、出発点から間違ってしまっている例でしょう。

また、キャリアを重ねるにつれ、当然期待値も上がってきます。あなた自身の見識やオリジナリティ、発想力なども期待されます。期待値を読み違えるとその後の努力は無駄になってしまいますし、ビジネスパーソンとしての存在意義も問われてきます。

要件②達成基準が高い

次に、プロとして高い達成基準を満たしていること。達成基準とは、資料のクオリティが高いことはもちろんですが、最近特に重要度が高まっていると感じるのはスピードです。

同じ資料であっても、それをじっくり1日かけて作るより30分で作

ることができるのであれば、当然その方が価値が高いといえます。ビジネスパーソンは概して忙しく、ほとんどの方が時間と闘っています。したがって、より短い時間で高品質な資料を作れることが、プロとしての要件の1つになります。

余談ですが、かつて放映されていたテレビ番組『料理の鉄人』を覚えておられるでしょうか。あの番組では、鉄人と呼ばれる一流料理人が30分や1時間といった短時間で料理を作り、プロの技を競っていました。そこがプロのプロたるゆえんなのです。いくらおいしくても、「半日かけて作りました」というのでは、やはり感動は生まれません。目にも止まらぬ速さで、しかも非常に高いクオリティを生みだす。そのクオリティとスピードが、テレビ番組という空間で感動を生みだしていたのです。

もちろん、よいものを作ろうとすると時間や手間が必要だというところもあるでしょう。しかし、やってみようとしなければ、できるようにはなりません。より短い時間でやろうというチャレンジ精神を持つことが重要なのです。

私が部下に資料作成の指導をする場合には、「どれぐらいかかりそう?」とまず見積りを聞きます。そこで、例えば「3日です」という返事が返ってきたら、「では、1日でやってみて」と少しタイトに期限設定します。

3日かかるだろうと思われたものを1日で完成させるとしたら、何を削ぎ落とさなければならないのか、どんな手順でやればできるのかを徹底して考える必要に迫られます。そうした積み重ねが、ビジネスパーソンとしてのスキルアップにつながると考えているので、決して意地悪をしているわけではありません。

要件③安心・満足・感動を与える

3つ目が、安心・満足・感動を与えるということです。安心レベル、満足レベルを満たし、最終的には感動レベルにもっていければベスト。

最初の安心レベルというのは、「誤字・脱字がない」「インデントが揃っている」といった意味で、気持ち悪さがないということです。非常に初歩的なミスなのですが、ちらほら見受けられます。

こうしたミスは、特にお金をいただいてサービスを提供するわれわれコンサルタントのような仕事では、お客様に対する気遣いが欠けていると判断をされ、顧客との関係において致命的ダメージにつながることさえあります。最低限このレベルはクリアしておかなければなりません。

次いで、期待値を満たす満足レベル。自分の知りたかったことが全部網羅されていたか。自分の興味・関心に合っていたか。自分の知識レベルにちゃんと応えてくれたか。相手が当初持っていた期待を十分に満たしているというのが、このレベルです。

プロの資料作成力としては、これら2つのレベルを満たして、最終的には感動レベルまでもっていきたいところです。この感動レベルとは何でしょうか。具体的に言うと、人を動かすことができる力があるかどうかです。

図03 **プロフェッショナルな資料の3要素**

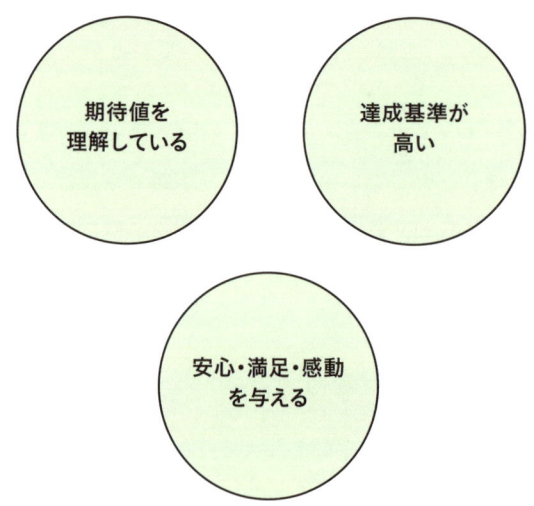

ビジネスの資料は、そもそも相手に何らかのアクションを求めるものです。したがって、それだったら自分も動いてみようと相手の琴線に触れる力があるかどうか。ここが問われてくるのです。
　この3つのレベルのうち、安心レベルは、先ほどの「料理のテクニック」でカバーできますが、満足、感動とレベルが上がっていくと、「おもてなしの心」なくしては、達成することはできません。

　以上まとめますと、プロフェッショナルな資料とは、相手の期待を捉え、高い品質で、相手に感動を与えるものだと言えます。

04

「わかる」「伝わる」資料作成のステップ

4つのフレームワークと5つのステップ

　では、これらのプロフェッショナルな要件を満たした資料をどのようにして作るのか、資料作成ステップに入っていきましょう。図04の5つのStepをご覧ください。

　まず、「何のために」「誰に」「何を」「どうやって」という4つのフレームワークで、作成しようとしている資料の概要を押さえます。

　最初に【Step 1】で「何のために」という「目的（＝ゴール）」をセットします。次に【Step 2】で「誰に」、すなわち「ターゲット」について徹底的に考えます。そして、【Step 3】では、そのターゲットに対して、「何を」伝えるのか、相手に対する「メッセージ」を作りあげます。

　「誰に（ターゲット）」と「何を（メッセージ）」のどちらを先に設定すべきかについては様々な考え方がありますが、やはり相手あっての資料ですから、基本的には、先に「ターゲット」を設定しましょう。伝えるべきメッセージが先にあり、ターゲットを後から選定するという場合ももちろんありますが、資料を作る際には、選定したターゲットをさらに深く分析して、メッセージや伝え方を吟味する必要があるので、やはりターゲットに対して相応しいメッセージを考える、という順番が基本です。

　ここまで終えたところで、次に具体的に資料にする「どうやって」に入ります。【Step 4】では、資料の「構成」を考え、【Step 5】では、「ビジュアル化」する、すなわち資料という見える形に落とし込みます。

図04　わかりやすい資料作成のステップ

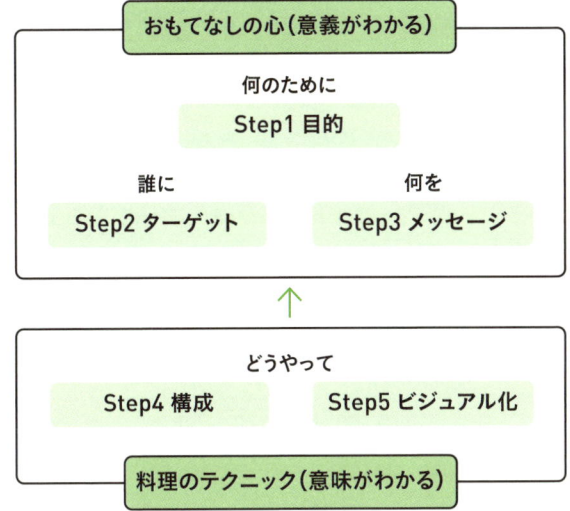

先ほどの料理のたとえに合わせて見てみると、上の3つ、【Step 1】から【Step 3】までは、「おもてなしの心」を駆使して考える段階にあたります。相手にどのように感じ、動いてほしいのかを最初に考え、それにしたがって相手はどのような好みを持っているか、体調やシチュエーションはどうかといった点を考えて、その方にふさわしいコースメニューを考えていきます。

そして、下の【Step 4】【Step 5】は、実際に料理を作るという段階であり、まさに「料理のテクニック」が発揮される部分にあたります。

一番大事なのはターゲットの確認

先ほど、まず【Step 1】資料作成の「目的」を明らかにして、【Step 2】「ターゲット」のことを知り、【Step 3】伝えるべき「メッセージ」を作り込み、【Step 4】効果的に伝えるために「構成」を考え、【Step 5】最終的に「ビジュアル化」する、というステップをお話ししましたが、この中で最も大事であるにもかかわらず、資料作成において意外と

軽んじられているのが、【Step 2】の「ターゲット」です。

　目的を明らかにした後、一足飛びに自分の言いたいメッセージに飛んでしまうという方が往々にして多いのです。ターゲットのことは、考えているようで、実際には眼中にないケースが多いのです。

　ビジネスの資料は、ほとんどの場合、相手に訴えてそこから何らかのアクションを引き出すために作ります。したがって、その相手がどうしたら動くのかといったターゲット分析を徹底的に行う必要があります。「ターゲット分析なくしてプロのドキュメンテーションならず」と言っても過言ではありません。

chapter 2

[意義がわかる資料の作成方法]
「目的」「ターゲット」
「メッセージ」の明確化

01

いきなりパワーポイントを立ち上げてはいけない

目的やメッセージを定義することがスタート地点

　私がよくドキュメンテーション研修や部下の資料作成指導などの際に言うことがあります。

　「パワーポイントを使わず、まず一回手で書いてください」

　手書きで書こうとすると、体裁は取り払われ、本質的メッセージしか書けません。

　だからこそ、まず紙に実際に書いてみて、本質的メッセージは何なのかを確認することが大事なのです。そうすると、自分がどう考えているのか——もしくはそもそも何も考えていなかったのかも——わかってくるのです。

　私は資料作成する際に、まず「目的」「ターゲット」「メッセージ」「構成」といったステップの前段部分を紙に書き、それから一気にパソコンで作ります。

　パワーポイントやワード、エクセル……ツールはさておき、よくパソコンを何時間もただいじっている人を見かけます。一見資料を作っているように見えるのですが、ちょっと色を変えてみたり、並べ方を変えたり、途中で情報が足りないと気づいてインターネットで検索をしてみたりメールを打ってみたり……。本質的ではないところや情報収集に無駄に時間をかけてしまっていることは多くないでしょうか。

まずはじっくり考え、紙に書く

　こうした行為は料理で言うと、何を作るか決めずに買い物に行ったり、とりあえず野菜を切り始めるようなものです。

　日々の簡単な食事であれば、そうしたこともするでしょうし、達人であれば買い物でたまたま見つけた食材で素晴らしいおもてなし料理を作ることも可能でしょう。しかし達人でもない人がおもてなし料理を作る場合には、その方法では失敗します。

　ではどうするか。まず紙の上でメニューやテーブルコーディネートを考える、必要なものをリストアップして買い物に行く、メインのシチューを煮込んでいる間にサイドディッシュを作る、何分前にテーブルをセットする、という段取りを決めて初めて、お客様がいらっしゃる時間にきちんと完成させることができます。

　まず、本質部分や全体の構成を考えて紙に書いてみて、それから体裁のよい資料をパワーポイントなり他のツールを使って仕上げることです。その方が結果的には速くて楽で、しかも内容的にも優れたものが作れるでしょう。

02

[Step1 目的]
目的を明確にする

目的①「どんな行動をとってもらいたいのか」

　書かれてある内容の意義を理解してもらい、実際の行動を促すために、ビジネスでは資料が作成されるわけですが、意外なことに「相手にどういう行動をとってもらいたいか」という、根源的なところが曖昧になっている資料も少なくありません。

　当たり前のように聞こえるかもしれませんが、資料作成のスタート地点は、「相手にどんな行動をとってもらいたいか」という、資料の目的と達成すべきことを明確にすることです。

図05 **目的は3段階で設定する**

| 1 | どんな行動をとってもらいたいのか |

例：実践できるテクニックを持ち帰ってもらいたい。
　　受講後に「変わった」と周囲に感じさせたい。

| 2 | そのために何を理解してもらいたいのか |

例：具体的で応用可能なスキルやテクニック。
　　行動のベースとなる重要なマインド。

| 3 | そのためにどのような状態にするべきか |

例：忙しい仕事の合間で楽しさを感じてもらう。
　　「何だか難しそうだと思ってたけど自分もやってみたい」

くりかえしになりますが、ビジネス資料は、相手から何らかのアクションを引き出すことを期待していますから、目的の明確化とは、第1に「相手にどんな行動をとってもらいたいのか」を明らかにすることです。

例えば、上司への提案書であれば、「自分の企画に対して承認してもらい、社内できちんと通すところまでサポートしてほしい」という目的があるかもしれません。研修資料を作るような場合であれば、「受講者に実践できるテクニックを持ち帰ってもらって仕事に活かしてもらいたい」であったり、「受講後、『研修を受けて変わったね』と周囲の人に思ってもらいたい」であったりします。

相手にどんな行動をとってもらいたいのか。これを最初に考えて設定しましょう。基本のようでありながら、実際には「それで一体何をしろと言っているのかわからない」資料が多いのが実態ですので、ここはしっかりと「何をしてほしいのか」を明確にイメージできるよう決めましょう。

目的②「そのために何を理解してもらいたいのか」

次に、「その行動をとってもらうために、何を理解してもらいたいのか」を明らかにします。例えば、「改善のためにまず現状を知ってほしい」ということであったり、「現状の背景にある隠された要因を理解してほしい」ということであったりなどです。

ここでの注意点は、目的②は目的①に紐づいている必要があるということです。たまに、目的①の「どんな行動をとってもらいたいのか」を飛びこえ、ひたすら理解してもらいたいことだけ綿々と書かれた資料もあるのですが、行動に紐づかない理解は単なる情報でしかなく、それでは最終的にアクションに結びつきません。また、目的①の最終ゴールが不明確な場合ほど、あれもこれもと情報を載せてしまう傾向があるようです。「とりあえず」情報を載せるのではなく、まず目的①を明らかにして、そのために、これとこれは理解してもらう必要がある、といった

紐づけ作業を行うことが必要です。

目的③「そのためにどのような状態にするべきか」

3つ目は、「そのために相手をどのような状態にするべきか」です。資料を読み終わった後や説明し終わった後、相手にどんな状況になってもらいたいか。シチュエーションによって違いはありますが、例えば営業資料であれば「ぜひこれを買ってみたいという気持ちになって、他の人にも薦めるエバンジェリストになっている」、あるいは上司への資料であれば「この社内向け提案の強いサポーターになっている」など、資料を読み終えた後に、その相手にどういう状態であってほしいのかを決めます。

目的①の、どんな行動をとってもらいたいのかを、例えば「承認を取りつける」と設定しても、その際の状態には、「前向きにその気になっている」のか、あるいは「乗り気ではないが、渋々」なのかでは、その後のアクションに大きな違いがあります。「これは自分にとってチャンスなのだから、大枚はたいて買ってみよう、とワクワクしている」という状態なのか、さらに進んで「自分がこれを選んだことを他の人にも伝えたい」という状態なのか。「経営環境がさらに厳しくなる中、この提案に乗り遅れたら致命的なのだと実感した上でOKをもらう」なのか、「邪魔をしない程度にOKという了承をもらう」なのか、具体的なイメージでこちらが望む相手の状態をセッティングしましょう。

私自身は、講演や研修で「受講者の方が、家に帰ってから家族にこの話をしてもらいたい」と設定することがあります。そういうときは「今日こういう話を聞いてさ……」と受講者が家族に話している様子まで頭の中で描くのです。家族に話をするということは、研修の内容が頭に入っていて、しかも家族にもわかる言葉で説明できるところまで自分の中に浸透しているということですから、その状態をイメージで表してみるのです。すると覚えやすい表現や、具体的なたとえ話など、資料に載せるべき情報が見えてきます。

目的の見えない資料では人を動かせない

　ここまで【Step 1】として目的の明確化について解説してきましたが、「どんな行動をとってもらいたいのか」をはじめ、目的が不明瞭で損をしている資料は、意外と多いものです。例えば、営業資料で「こういった商品があります」「こういう商品もあります」「こういうサービスもあります」といった説明だけを書いて、相手から「それで？」と返されてしまうケースなどが典型です。相手にどんな行動をとってもらいたいのかが、抜け落ちてしまっているのです。

　こうしたケースは、IT系の営業資料でも比較的多く見受けられます。コンピュータのサーバー比較表やCPU性能比較表など、単にスペックの比較がこれでもかと詳細に書いてあるのですが、受け手から見ると、いったい何を推奨されているのかがよくわからない。相手の理解レベルを超えた情報を出しすぎて、相手に何をしてもらいたいのか、どれを選んだらよいのか、逆にわからなくさせてしまっているのです。

　こうしたケースでは、「最終的にはA製品をお勧めする。そのためにB、Cという要素を理解して、これを選べば間違いないと確信してもらう」といった①〜③の目的がおそらくセットされていないのではないかと思います。説明を受ける当人は「これで間違いない」と確信を持って決めたいという期待値を持っているものですが、そうした期待値をなおざりにし、情報を出しすぎることによって逆に意思決定を妨げているのです。

　また、延々と言い訳を続けてしまっているケースも見られます。本当であれば、「追加コストをいただきたい」や「納期の延期をお願いしたい」といったお願いや要望を通すことが目的で、その目的に結びつけるために必要な情報を絞り込んで出すべきなのに、一方的に「言い訳」を並べてしまっているような場合です。

　反対に「褒めてもらいたいこと」ばかりが羅列されていることもあります。プロジェクトの成果報告会の資料でよくあるのは「やったこと」

がひたすら羅列されているケースです。「自分が頑張ったことを認めてもらう」ことが目的であればそれでもよいかもしれませんが、ビジネスにおける報告会は大抵の場合には、エグゼクティブに自分のプロジェクトがきちんと成果が出ているかを確信させる状態にすべきであると考え、成果を実感してもらうためにはどういった資料にすべきかを考えた方がよいでしょう。

　こうした状況は目的③の「相手をどのような状態にするべきか」について「状況を理解していただき、なるべく気持ちよく動いていただく」といった設定をあらかじめ行うことによって避けることができます。

　研修や講演などの場合には、目的が曖昧だと「いい話だけど、何したらいいんだっけ」となってしまいがちです。目的をはっきりと意識していれば、資料の最後に「明日からこれをやってみよう」といった一言を添えたり、ToDoリスト、チェックリストをつけておこうという発想につながります。

目的は「一言」でまとめる

　目的①「どんな行動をとってもらいたいか」は、一言で明快にまとめてください。目安としては1行程度です。

　ビジネスの内容が複雑になれば目的が複数になるケースもありえますが、あまり細部に入りこみすぎると一番の目的が何かが見えにくくなってしまいますので、「一言でまとめる」ことを意識されるとよいでしょう。

　また、その一言に、最終的に実現したいことがしっかり言及できているということは、言うまでもない最重要ポイントです。

03

［Step2 ターゲット］
ターゲットを知り仮説を立てる

なぜプロファイリングが資料作成に必要なのか？

続いて、【Step 2】「ターゲット」に入っていきましょう。

前章で最も重要だとお話しした部分です。ここでは、自分が言いたいことはいったん忘れましょう。一度まっさらにして、ターゲットの「期待」と「理解」を明らかにすることに意識を向けましょう。

私は、ターゲットを知るために、ターゲットプロファイルという作業を行います。プロファイリングとは一般的にいうと、「特定の人物の行動履歴を心理的な側面から分析し、行動特性を明らかにすることで、ある行動を起こさせるのに最も効果的な方法を企画すること」です。

具体的には、ターゲットとなる相手の「人物像」やその人が保有する「情報」を分析することで相手の「期待」や「理解」のレベルを明らかにし、それを踏まえた上で「何をどのように伝えると最も効果的か」という方法＝「仮説」を構築することを指しています。

資料作成に、なぜこのようなプロファイリングが必要なのでしょうか。

失敗している資料は、大きく2つに分類することができます。

1つは、相手の期待がわかっていない資料。資料作成は当然、それを見せるべき相手があってのこと。相手が何を期待しているのかをわからないままに資料を作り、「私が聞きたいのはそんなことじゃない」と的外れになってしまっているケース。みなさんも資料を見る側としては、よく経験されているのではないでしょうか。

もう1つは、相手の理解度がわかっていない資料です。伝えたいテーマに対して相手がどのぐらいの知識や情報を持っているのか考慮に入れ

図06 ターゲットプロファイル

「自分の言いたいこと」はいったん忘れて、
ターゲットの「期待」と「理解」を明確化した上で、
何をどのように伝えるかを考える。

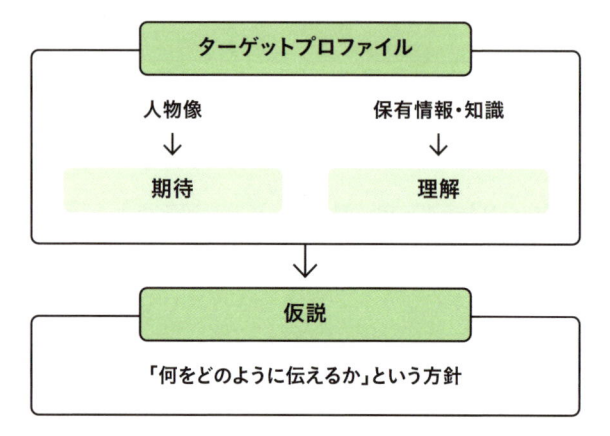

```
┌─────────────────────────┐
│   ターゲットプロファイル   │
└─────────────────────────┘
      │              │
   人物像         保有情報・知識
      ↓              ↓
   ┌──────┐      ┌──────┐
   │ 期待 │      │ 理解 │
   └──────┘      └──────┘
           ↓
   ┌─────────────────────┐
   │        仮説         │
   └─────────────────────┘
   「何をどのように伝えるか」という方針
```

ず、一方的に説明し、結果的に、相手に「何を言いたいのか、よくわからなかった」と、思われてしまっているケースです。

このように相手の「期待」と「理解」の把握は、どちらが欠けていても効果的な資料にはなりえません。

プロファイリングで把握するこの2つについて、もう少しくわしく見ておきましょう。

①期待──把握した上で、いい意味で裏切る

相手の期待に応える際に必要なこと。それは、「こういうことが聞きたい」と直接言われたこと、つまり顕在化した期待を捉えることはもちろんですが、そのさらに裏側にある、まだ相手でさえも言語化することができていない、潜在的な期待を推し量ることです。

わかりやすい資料を作ると言われる人は、必ず相手の期待を超えたものを提供してきます。逆に言うと、何らかのアクションを引き出したい場合に相手の期待どおりのことを説明していても、響かないケースもあ

図07 ターゲットプロファイルで確認すべきこと

期待は?
- 顕在化した期待（言われたこと）を深掘りしたか?
- 自分の言いたいことを相手の期待とすり替えていないか?
- 相手に意外性を感じさせるものは何か?

理解レベルは?
- 相手が知っていること/知らないことが想定できているか?
- 相手のなじみのある用語、ターミノロジーが想定できるか?
- 相手が理解しやすい比喩、たとえは何か?

るのです。期待を把握した上で、それを裏切る、つまり期待を超える必要があります。

「このようにお考えかもしれませんが、実は違います。こうなんですよ」と、相手の期待を超える内容を示せば、「えっ！　それだけのインパクトがあるとは知らなかった。では取り組んでみよう」というように、アクションに結びつきやすくなるのです。

しかしながら、実際によく見受けられるのは、相手の顕在化した期待さえも把握せずに「自分の言いたいこと」を相手の期待だとすり替えてしまうパターンです。思い込みで「きっとこれが聞きたいに違いない」と強引に進めても相手を納得させることは当然難しいでしょう。

②理解——相手の使用言語にあわせる

説明しようとするテーマに対する相手の理解レベルを知ることは、わかりやすい資料を作る上での基本です。

例えば、「○○業界の人であれば、この言葉はなじみがあるが、この

用語はなじみがないだろう」というように、言葉や概念について相手が保有している情報を最初に想定するのです。自身がプレゼンのなかで当たり前のように使っていた言葉の意味をそもそも相手がわかっていなかったというケースも、実際には多いのです。業界用語や英語、略語などは特に使用にあたり注意が必要です。もっとも、何でもかんでも使わなければいい、ということではありません。

業界内で大勢が当然知っている言葉であれば、むしろそれを使った方が、共感性が生まれ、話がスムーズにいくということもあります。

また、話をわかりやすくしようとして、たとえや比喩を使う場合も、年齢や業界など相手のバックグラウンドに加え、理解レベルを考慮しないと、効果が半減してしまいます。

プロファイリングシートの作り方

このように資料作成においては、相手の期待と理解を把握する必要があるのですが、そのためには事前のプロファイリングが重要です。私が

図08 **プロファイリングシート**

ターゲット		①メインターゲット	②サブターゲット
プロファイル		人物像	期待
	①	各ターゲットの役割や関心	「どうしてほしいか」
	②		
		情報	理解
	①	保有情報の広さと深さ	「どのくらい理解しているか」
	②		
仮説		「何をどうやって伝えるか」という方針	

プロファイリングをする際には、図08のような「プロファイリングシート」を使います。項目を埋めていくことでプロファイリングができていきますので、項目に従って一緒に見ていきましょう。

「ターゲット」

まずは「ターゲット」、すなわち資料を見せる相手は誰なのかを定めます。ターゲットには、メインターゲットとサブターゲットを設定します。

例えば、モノを買ってもらうプレゼンテーション資料の場合には、子どものおもちゃに見られるように、実際にモノを使うユーザーとお金を払うスポンサーが別という場合が意外に多く見られます。この場合、ユーザーである子どもがメインターゲットになり、スポンサーである親がサブターゲットになります。

プロジェクトの報告会のような場合は、プロジェクトオーナーである役員がメインターゲットに、現場のリーダーや実際のユーザーがサブターゲットになるかもしれません。

私が講演をする場合には、講演の聴衆の方をメインターゲットとし、講演の依頼者をサブターゲットと設定することで、講演依頼者が私を通じて聴衆に伝えたいことも資料に盛り込むようにしています。

ターゲットのどちらがメインでどちらがサブというのは、場合によっては切り替わることがあります。"将を射んと欲すれば先ず馬を射よ"ということわざにあるように、サブが満足することによって、メインも納得するケースもありますから、主従は、その時々によって状況判断が必要になります。

なお、講演や研修などの場合、ターゲットが「若手社員」というように、大人数を対象とするケースがありますが、あまりにターゲットが大ざっぱすぎてこの後に続く「人物像」が特定しにくい場合には、対象をさらにセグメント化します。

例えば、よく「2：6：2の法則」、すなわち、ある集団のなかには

優秀な人が2割、普通の人が6割、あまりできない人が2割いるといわれますが、これを目安にどこをメインターゲットにするのかを決めるのです。上位の2割の人をメインターゲットとして、優秀な人が満足する内容を作るのか。それとも一般の人をメインターゲットにした内容を作るのか。作る資料も話す内容も変わってくることでしょう。

　また、仮に一般の社員をメインターゲットとした場合、上位層の2割を無視してしまっては、研修や講演の全体の満足度が下がってしまうことがありえます。それを避けるためには、「今お話ししたのは一般的な事例ですが、さらに高度な事例もあります」と補足情報を加えたり、「今日は時間の関係でここまでしかお話しできませんが、詳細について知りたい方には別途対応します」と前置きを入れたりすることで、上位層の存在を認識しており、彼らのニーズにも対応可能であるというメッセージを伝えることで満足度が下がることを防ぐことができます。

「人物像」

　ターゲットが明らかになったら、次にその「人物像」を描きます。人物像は、垂直と水平、すなわちタテの軸とヨコの軸で見ていきます。

　まず、タテというのは、歴史や経歴など時系列の情報で、その人の生い立ちや仕事の略歴を、まず押さえていきます。

　次に、ヨコというのは、現在置かれている状況を指します。ヨコをどれくらい広くとるかはケースバイケースですが、いちばん狭くとるならば、ターゲットとなる人物が今何をしているのか。すなわち、現在の業務内容です。

　ヨコをもう少し広げるならば、その人の部門全体の仕事、同僚、さらに関連部門というように範囲を広げていきます。また、もっと具体的なイメージを持つためには、その人が「ある1日をどう過ごすのか」、例えばあるエグゼクティブの人であれば、朝7時からミーティングが入り、その後も5分刻みのスケジュールで動いている、といったように、その人の日常生活を把握したり、月間や年間の仕事のピークを知ることも有

効です。

　また、ターゲットが個人ではなくグループの場合、例えば若手であれば"ゆとり世代の教育を受けてきた層"などとジェネレーションとしてくくってタテの情報をとることもありますし、部門であれば、どのような業務が多いのか、例えばルーティンワークが多い部門であるとか、関連部門や市場からどのような期待やプレッシャーを受けている部門かなど、状況や共通項をヨコの情報としてとっていきます。

「期待」

　ここでは相手の期待、すなわち相手が「何をどうしてほしいのか」を把握していきます。非常に重要な部分です。

　一口に「期待」といっても広すぎるので、もう少し因数分解して考えてみると、期待値とは「優先順位」と「判断基準」と言い換えることができます。例えば、卑近な例ですが、女性に対する期待として、容姿の優先順位が高い男性が、「今度、ミス日本クラスの綺麗な人に会わせるよ」と言われたら、否が応でも期待値が上がってしまうでしょう。それと似ています。

　ターゲットの優先順位が高い事項は何なのか。売上なのか、利益なのか。あるいは、スピード感なのか、革新性なのか。例えば、リーディングカンパニーでは概して安定性より独自性やオリジナリティの優先順位が高く、ありきたりの提案では期待を超えることは難しくなる傾向があります。逆にフォロワー企業では独自性ではなく、収益性という事項の優先順位が高いかもしれません。

　また、相手が優先順位を持っていない場合もあります。例えば新任の人で、何が重要かまだ自分でも把握できていないというケースです。こういう場合には、資料のなかで、「重要なことはこれです」といった具合に、相手の優先順位を決めていくような啓蒙的な内容にすることが有効になります。

　そして優先順位の高い事項が明確になったら、次に「どれくらいなら

響くのか」という相手の判断基準を推し量ります。例えば「削減効果10％では響かないけれども20％なら動く」という基準です。この基準は、その時々の状況に応じて動くものです。

また、どうしてもその基準を満たすことが不可能だということがわかる場合もあるでしょう。そうであれば、資料の中でどのようなデータを示すことで、その判断基準を変えることができるのかを、「仮説」を考えるときに検討するのです。

相手の判断基準を別のものに変える、というのは難しいように聞こえますが、ここで少しアドバイスをお教えしましょう。

意思決定に働く「6つの心理」

『影響力の武器』（誠信書房）という古典的名著があります。この本には、人は意思決定や行動の際に、下記の6つの心理が働くと書かれています。

1. 「返報性」
   何かをしてもらったらお返しをしなくては、と思う心理。
2. 「一貫性」
   会社のミッションやその人の心情に合ったものには、ノーと言えないような心理。例えば、「このプランは、あなたのやろうとしていることと合致するんですよ」という点を訴えていく。
3. 「社会的証明」
   「世の中みんなこうしていますよ」と言われると、自分も同じようにしなくてはと思う心理。
4. 「好意」
   好きな人の要求には応えようとする心理。同じプレゼンでも好きな人がするのと嫌いな人がするのでは、印象はまったく違ってきます。
5. 「権威」
   「偉い人が言っている」「その道の専門家が言っている」ということ

には、人はなかなか逆らえないという心理。これに弱い人は多いようです。このあたりもプロファイリングから導き出し、「すでに部長にはご賛同いただいていますが」と始めるといった具合に取り入れていきます。

6.「希少性」

「今だけ」「最後の1つ」「あなただけ」と言われると、つい今決めなくては、と思ってしまう心理。売り込みのときによく使われる手です。

何か相手の判断基準を変える必要がある場合には、この6つの心理の視点から攻めどころを考えていくことが効果的です。

「情報」

相手を説得できる資料を作る場合、把握する必要がある相手の保有「情報」のカテゴリーは、「Why」の情報、「What」の情報、「How」の情報の大きく3つに分けられます。ここでは、それぞれのカテゴリーについて、相手の保有情報量を「H（High）」「M（Middle）」「L（Low）」で見える化し、後に仮説を立てるときに、このうちのどれに重きを置いて説明するべきかを分析していきます。

なお、図08のシートでは「情報」について4つの項目を設定していますが、ここは3つでも5つでも構いません。「Why」「What」「How」の3つのカテゴリーを網羅できるよう、それぞれキーとなるような項目を適宜設定してください。

まず「Why」について、つまり「なぜそれをやるべきか」について、相手の情報量を把握します。もしここが「L」つまり「わかっていない」という場合には、「Why」の情報、すなわち、「なぜそれをやるべきか」について、背景や原因の分析データ、プランのコンセプトなどを中心に話を進める必要があります。

例えば、ナレッジマネジメントシステムの導入を促したい場合、相手

の保有する「Why」情報が低いとわかれば、「業務でどのくらい情報検索に時間がかかっているか、ご存じですか」と問いかけ、「一般的な社員が情報検索に使っている時間は、調査によると年間150時間。ほぼ1ヵ月は探し物をしている時間なのです」というように「Why」情報を明確に示して、ナレッジマネジメントシステム導入の必要性につなげていくのです。

　次に「What」の情報。これは、相手が解決策そのものを知っているのか否か、というところです。ナレッジマネジメントであれば、その種のアプリケーションやツールを解決策として知っているのかどうか、その保有「情報」量を測るのです。単に知っているだけでなく、すでに導入しているのであれば、「H（よく知っている）」ということですし、導入検討中であれば、ツールは知っていても実際の運用の課題などはさほど知らないから「M」ということになり、それに応じてプレゼンの攻め方も異なってきます。

　3つ目が「How」の情報。「Why」の情報、「What」の情報、すなわち「なぜそれをやるべきか」「何をすればいいか」がわかっているなら、あとは具体的に「どうしたらいいのか」という段階になります。「How」の情報とは、事例や実現方法のことであり、例えばここが「L」であれば、他社事例や、進め方の詳細なアプローチ、想定される課題への対応策など、実現方法を具体的にお見せすることで、実際のイメージが湧き、相手に安心感を持ってプレゼンを聞いていただくことが可能です。

　なお、本書ではそれぞれのカテゴリーの評価について「H」「M」「L」という基準でレベル分けする方法をご紹介していますが、このように知識量でレベル分けをするほかに、例えば「言葉（言葉だけ知っている）」「知識（どんなものか知識として理解している）」「本質（本質まで理解している）」というように、概念でレベル分けするという方法もあります。

「理解」

「理解」では、相手の保有する「情報」1つひとつの項目に対するレベルから、資料で伝えたいことについての、相手の理解レベルの全体像を導き出します。例えば「コンセプトは理解しているが、導入アプローチや定着方法は理解していない」「テーマについて一家言持っており、通説をそのまま説明しても地雷を踏むことになってしまう」というのが理解レベルの全体像です。

この「理解」レベルの全体像を把握していないとどうなるのか。例えば、相手が「Why」つまり「なぜやるのか」について腹落ちしていない場合には、滔々と具体的な「How」を語っても、無駄な時間になってしまいます。自分が話したい本題にいきなり入るのではなく、メッセージを確実に理解してもらうためにも、相手の理解レベルの全体像を明確に把握することは必要です。

また、理解レベルの全体像を把握することによって、資料の構成が変わってきます。「Why」の情報が少ないようであれば、前半を啓蒙的な内容にして一定のページ数を割く必要があります。一方、すでに危機意識やレディネスが高まっているのであれば、序盤から具体的な内容、つまり「What」や「How」に重きを置くことになります。

ちなみに、相手の「理解」レベルは日々変わっていくものでもあります。旬なテーマであれば、どんどん「理解」レベルが上がっていくことがありますし、プロジェクトなどの進行具合によっても変わります。一度把握したら終わりではなく、資料を見せるタイミングでアップデートしていくべきです。

プロファイリングデータの調べ方

ところで、こうしたプロファイリングは、実際どのようにして調べるのでしょうか。まず、手近なところで、インターネットやオープンな情報などから、経歴や現在の職務など客観的なデータを収集します。次い

で、現在の情報はターゲットの周りの人に聞かなければ入ってこないものも多いので、同僚や、エグゼクティブの場合には側近や秘書などからも伺います。

また、営業部長がメインターゲットであれば、他社の営業部長に聞いておくというように、ターゲットと似た立場の人から話を伺うケースもあります。同じポジションの人は同じような悩みを持っている場合が多いので、「よく理解してくれている」と話が進みやすくなります。

最後に、直接本人にダイレクトに聞いてみる場合もありますが、その場合は、オープンな情報や周囲の人から得られた情報をもとに、特に聞きたいところを中心にヒアリングしたり、プレゼンの仮説を小出しにして検証し、ヒアリングの精度を高めるべきでしょう。

プロファイリングのゴール「仮説」

プロファイリングシートから最終的に導き出すのが「仮説」です。ここでの「仮説」とは、「ターゲットの『期待』と『理解』を明らかにすることによって導き出した、何をどのように伝えるのが最も効果的かという、資料作成方針」を指します。相手を深く知ることは成功のカギではありますが、当然のことながら、相手のことを調べて満足しているだけでは、良い資料につなげることはできません。そこから導き出す「仮説」次第です。

集めたプロファイリングデータをいかに読み込んで鋭い仮説を導き出すか。ここが勝負の分かれ目とも言えますが、データを見ても、字面しか追えない人と、データをしっかり読み込んで精度の高い「仮説」に結びつけることができる人がいることは事実です。

私が講師を務めた、ある「提案スキルを向上させるための研修」では、提案相手であるエグゼクティブの略歴の読み込みを実習として行いました。そのエグゼクティブの「期待」や「理解」レベルを把握する力をつけるために、オープン情報から相手のことを想像し、その立場に近づくことがその実習のねらいです。受講者のなかには、職務経歴だけではな

く、学歴や出身地などを真剣に読み込み「目の前にこの方の子どもの頃に育った風景が浮かんできた」という人もいました。ここまでターゲットの身になれれば、そのターゲットに響くストーリー展開や比喩、たとえなども、自ずと見えてくるでしょう。

　もちろん、こういった想像はあくまで仮説であり、正解があるわけではありません。外れることも、もちろんあります。しかし、たとえそれが外れていても、データを丹念に集め、想像力を発揮してそれらを分析していくことで、仮説は立てやすくなり、立てた仮説の精度が高くなることは間違いありません。それに、それだけやったという熱意は、必ず相手にも伝わります。そして、相手への興味・関心が深ければ深いほど、有効な仮説が立てられるとも言えるでしょう。

仮説の精度を高める視座・視野・視点

　プロファイリングデータをもとに精度の高い仮説を立てるには、視座、視野、視点というものの視方（みかた）が重要になります。端的に言えば、視座（視る場）を高め、視野を広げると、鋭い視点で仮説を切り出すことができるのです。

　まず、ターゲットの視座にどれだけ近づけるか。最も、近づきすぎて同化してしまっては、冒頭にお話しした意外性やいい意味で期待を裏切ることができなくなってしまいますので、いったん視座を近づけて、もう一度離すといった工夫が必要です。

　例えば、ターゲットである部長の視座、視野で見て、その人の世界観はこうだといったんつかみ、その上で、その1つ上の事業部長の視座、視野で話したほうが、気づきや意外性があるのではないか、といったように、期待を超える方法でものを考えていくのです。その人の視座に収まって知っていることを繰り返すだけでは、相手もつまらないでしょうし、ベテランの人にはそれこそ"釈迦に説法"ですから、それを超えていくところがポイントになります。

　相手の期待を超えるにはどうすればいいか。そのヒントは、視座や視

野をタテ・ヨコにスライドさせることです。例えば、今お話ししたように、役職を上にスライドさせる。あるいは現場のことがよく理解できていないようであれば、部門メンバーの視座にスライドさせて話す、ということが考えられます。また、新しいコンセプトについて理解があまりないという場合に、相手のよく知っている業界や分野に置き換えて「つまりこういうことですよ」というように比喩をヨコにスライドさせるということもできます。

このように、最終段階の仮説を導く際には、プロファイリングで相手の「今ここ」という現在地を把握した上で、タテ、ヨコにスライドさせて、いかに相手の期待をいい意味で裏切ることができるか、超えることができるか、というところがポイントになるのです。

タテ・ヨコにスライドさせるというのは、情報や理解レベルについては経験がない人でも、「業界をヨコで比べてみる」「時系列でタテで変化を見る」などは比較的行いやすく、即効性があります。自分自身のものの視方を鍛えることになるので、すぐに実行してみてほしい点です。

一方、その人物になりきって視座・視野をスライドさせるというのは、想像力が必要になり、ある程度の経験も必要です。しかし、月並みな言い方ですが、どれだけその人やそのことに思いが深いかでも変わってきます。よく「あの人はセンスがいいので、外さない」という言い方をしますが、センスというのは「思いの深さ」と言い換えることができます。思いが深いから注意深く対象を見る、だからいろいろなことに気づけるのです。そうした意味で、自分がかかわっている資料作成のテーマとそのターゲットをどれだけ好きになれるかというのも、プロファイリングのキーになるのではないでしょうか。

プロファイリングシートについての説明は以上です。実際の記入例が66ページにありますので、こちらもご参照ください。

04

[Step3 メッセージ]
メッセージ&ストーリーボードの作成

資料におけるメッセージとは？

続いて、【Step 3】「メッセージ」に入っていきましょう。

まず、そもそも資料におけるメッセージとは何なのかを確認しておきましょう。資料を作った本人が「これがメッセージです」と言うものが、実はメッセージになっていないことが多々あります。

メッセージを因数分解してみると、下記のように分解できます。

「メッセージ」＝「主張」×「根拠」

これが資料におけるメッセージの大前提です。言い換えると、

「Aだから（根拠）、Bすべきである（主張）」

という文脈に収まっている必要があります。

「メッセージがない・弱い」と相手に伝わらない

よく見られるのは、「Bすべき」と主張だけを言っていたり、あるいは、「Aです」という状況だけを述べてそれが根拠になっていなかったり、「主張」あるいは「根拠」（もしくはその両方）が欠けているケースです。

根拠が欠けていて主張だけしかない場合、相手はたいがい「なんで？」と聞いてきます。英語で言えば「Why ?」。

逆に根拠（もしくは状況説明）だけあって主張がない場合には、相手は「それで？」＝「So what？」と聞いてくるでしょう。

自分がメッセージを伝えたつもりでも、「なんで？」「それで？」と返ってくるようでは、メッセージとして整っていないということです。あるいはあまりにも当たり前のことを述べていてメッセージとして弱いのでしょう。それでは相手に伝わりません。

メッセージを作るにあたって、「主張」と「根拠」がともに揃っているか。主張に「〇〇すべき」というアクションが含まれているのか。メッセージがしっかりメッセージになっているのかを確認すること。これが最初のステップになります。

メッセージの要件①「ロジックエラーがない」

では、説得力のあるよいメッセージは、どのような要件を満たしている必要があるでしょうか。

要件の1つ目は、まずロジックエラーがないことです。

よく見受けられるのは、「AだからBです」と一見、主張と根拠を書いているのですが、このAとBがまったくつながっていないケースです。例えば、「既存顧客のリピート率が2割に満たないため、ブランド認知度を高める方策をとるべき」といったように、「AだからB」と言っているものの、「だから」に根拠がなく強引に結びつけているような場合。特に若手に多く見受けられます。ロジカルシンキングの問題であり、資料作成力以前の問題でもあります。

「AだからB」の「だから」は本当かを問い直す必要があります。

メッセージの要件②「5回以上の"なぜ？"に耐えうる」

2つ目の要件は、「相手の"なぜ？"に5回以上答えられるくらい根拠がしっかりしていること」です。「"なぜ？"を5回繰り返せ」とは一般的にも言われることですが、ここでのポイントは、自分の論理だけではなく相手の立場に立って、「なぜ？」を繰り返すことです。

図09 **訴求すべきメッセージ**

```
               お客様の状態

   不信・不適  →  不要・不急  →   不経済    →    不安

   それは何?     今は必要ない    自分達でできる   本当にこれを
   自分には関係ない 今でなくともよい  高すぎる     選んでよいのか

     ↑           ↑           ↑           ↑

  What' this?   Why now?    Why this?    Why us?

              訴求すべきメッセージ
```

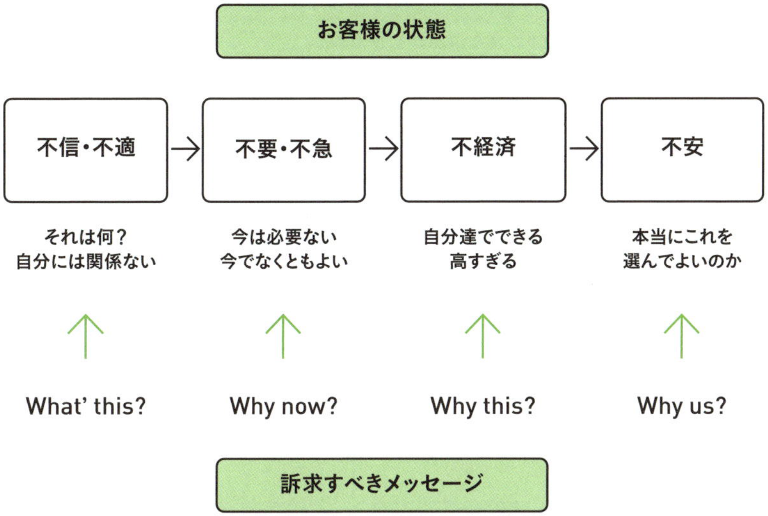

　自分自身では一生懸命説明しているつもりでも、相手から「これ、なんで？」と聞かれ、まったく答えられないことがあります。自分のビジネスや業界では当たり前のことが、相手にとってはそうではないことが多いからです。

　自分が想定する疑問点と相手が実際に疑問に思う点は、概して異なるものです。提案などの場合、自分は商品のスペックに関心があるだろうと重点的に掘り下げても、相手にとっては、それよりもこれを使うとどんな成果が得られるのか、費用対効果はどれくらいなのかに関心があるといった例は、現場でよく見られます。ここで、提案する場合のメッセージの考え方をご紹介します。

　まず、提案を受けるお客様の状態を４つのステージで考えます（図09）。最初は提案内容や商品を知らない「不信・不適」ステージです。ここではそもそも何を薦めているのかが理解されていない状態ですので、メッセージの「主張」部分がメインになってきます。

　次は、言いたいことはわかるけど今は忙しい、という「不要・不急」

図10 相手の「なぜ？」を5回以上考える

相手の「なぜ？」に答えられるまで主張と根拠を準備する。
相手によって何がインパクトがある根拠かを見極める。

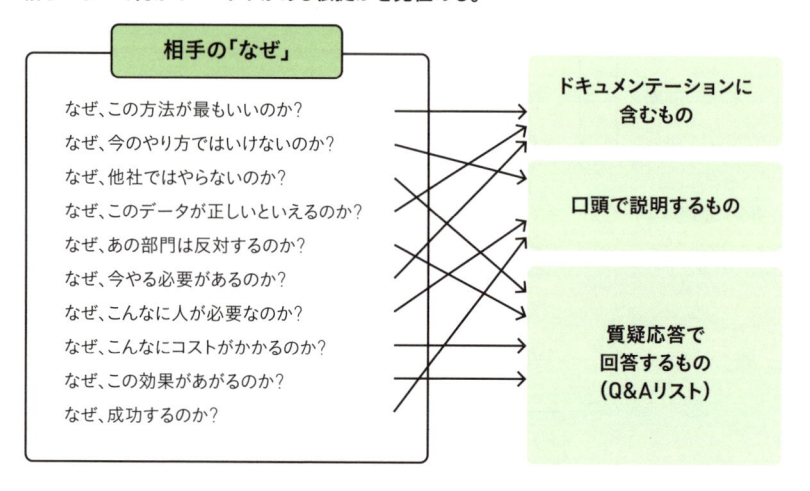

相手の「なぜ」
- なぜ、この方法が最もいいのか？
- なぜ、今のやり方ではいけないのか？
- なぜ、他社ではやらないのか？
- なぜ、このデータが正しいといえるのか？
- なぜ、あの部門は反対するのか？
- なぜ、今やる必要があるのか？
- なぜ、こんなに人が必要なのか？
- なぜ、こんなにコストがかかるのか？
- なぜ、この効果があがるのか？
- なぜ、成功するのか？

→ ドキュメンテーションに含むもの
→ 口頭で説明するもの
→ 質疑応答で回答するもの（Q&Aリスト）

ステージです。ここでは優先順位を上げてもらうために「なぜ今やらなくてはいけないのか？」という「Why now ?」を訴求します。

緊急性を理解されたあとのステージは「欲しいけど高い。」または「あるものでいいのでは？」「自分でできるのでは？」という経済性を問われる「不経済」というステージです。ここでは、提案内容の効果そのものと比較対照となる他の商品・サービスとのクオリティやスピードの比較などをメッセージとして訴求します。

そして最後は、様々な選択肢がある中で本当にここから買って間違いないのかという「不安」を払拭するステージです。ここでは自身や自社の実績や信頼性がメッセージの中核になってきます。

これらのステージを意識し、どのWhy ?（「なぜ？」）に答えるべきかをプロファイリングをもとに徹底的に考えましょう。

自分に欠けている視点を網羅するためには、他の人を巻き込んでブレーンストーミングしてみるとよいでしょう。

なお、たくさんの疑問が出たからといって、それをすべて資料に載せ

るということではありません。図10のように、内容を吟味したうえで、「一部は本論として資料に含めよう」「別の部分は資料には載せないが口頭での説明に加えよう」「Q&Aリストとして質疑応答で回答しよう」などと分類しておくとよいと思います。

　自分が答えやすい疑問だけではなく、あえて自分が訊かれたくない疑問をどれだけ掘り下げておくことができるかどうか。これがメッセージの説得力を決めます。

メッセージの要件③感情に染み入る

　要件の3つ目は、「相手の感情に染み入る」ことです。ロジックエラーがなく相手の「なぜ？」に答えられたとしても、最終的に納得してもらえるかどうかは、相手に感情的に受け入れられるかどうかで決まります。相手の感情に染み入るよう受け入れられやすい比喩やデータを使うことがメッセージの説得力を高めます。

　要件①②は考慮されても、③感情に染み入ることまで配慮する方はあまりいません。だからこそ効果的なのです。

　適切な比喩やデータを出せるようになるためには、読書などで情報やアイディアをインプットしておくことが役立ちますが、加えてエンターテインメント性といったものが求められます。

　エンターテインメントは日本語訳では「おもてなし」であり、前章でお話しした「おもてなしの心」に通じるところです。同じことをいかにわかりやすく楽しませて伝えられるか、これがドキュメンテーションにおけるエンターテインメント性です。こうしたスキルは、日頃から相手が自分の言葉で他の人に話せるぐらいわかりやすく伝えようと意識することで鍛えられます。

　比喩を考えることで本質もまた見えやすくなってきます。資料作成を料理になぞらえて考えることで重要ポイントがかぶることに気づいたり、料理でいうこの部分は資料作成でいうとこれだと素材への理解が深まってきたり、発想力や柔軟性が高まりビジネス思考の訓練にもつながりま

す。

「相手の感情に染み入る」とは、いったん自分の立場を離れることでもあります。「言いたいことはこれだけ」とばかり自分の主張や立場に固執していては、ビジネスでなくとも関係性が発展しません。

　自分の立場をスライドさせてモノゴトを見てみる。言い換えれば"幽体離脱"をしてみる、と言ったらよいでしょうか。自分からちょっと抜け出して、上から相手に自分が話をしているシーンを見てみる。相手が感じていることを想像してみる。そうしたトレーニングを重ねることで、相手の立場で見たり考えたりということが、徐々にできるようになってきます。

　この要点③を資料でしっかり押さえておくと、最終的に相手に気持ちよく動いていただくことができます。

メッセージの要件④前面に感情を出さない

　最後は、「自分の感情を前面に出しすぎない」です。

　説得力というと、熱く語った方がよいのではないかと思われるかもしれませんが、実際は感情を前面に出さない方が逆に説得力は増します。

　例えば、「〇〇してはならない」と言いたいところを「言語道断である」や「人間として失格である」とまで表現してしまうと、熱い思いが伝わるどころか「何か特別な思いがあってそこまで言わざるを得ないのではないか」あるいは「極端すぎて聞きいれてよいものか」といった、ある種の警戒心を抱かせてしまいます。カラーやイラストなどのビジュアル効果なども、インパクトを与えようとして行きすぎると、場合によっては信頼性を損なうことさえあるでしょう。

　やりすぎると引いてしまうというのは、資料作成に限らず、いろんなシーンで、みなさんも経験されていることでしょう。

　気持ちとしての熱い思いは大事ですが、あくまで、相手に伝えるときには冷静に。自分の感情や思いはなるべく前面に出さないように留意する必要があります。

ストーリーボードを作ってメッセージを整理する

　伝えるべきメッセージが明確になったら、次にストーリーボード作りに入ります。ストーリーボードは、図11のような、資料の全体像を示したフロー図です。メインメッセージとサブメッセージからなるピラミッド構造を作り、その下にセクション、いわゆる資料の章立てを作っていきます。

　先ほど、メッセージには主張と根拠が必要だと言いましたが、メインメッセージ、サブメッセージ、それぞれが主張と根拠を含みます。そして、いくつかのサブメッセージを合わせると、一番上のメインメッセージをきちんと論拠づけるような構成になります。ここはロジカルシンキングで筋道立てて考えることが必要です。図12は作成例です。

　よく勘違いされるのは、このメインメッセージとサブメッセージからなるピラミッド構造がそのまま資料の構成になると思われることが多いのですが、そうではなくこれとは別にセクション（章立て）を作ります。

図11 **ストーリーボード**

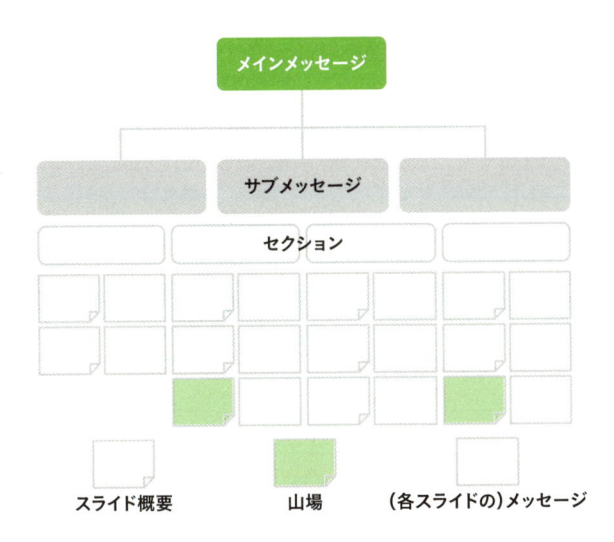

図12 ストーリーボード作成例

メッセージ	チャネル戦略はもう完成した。あとは実行するのみ！ ● 事業目標達成に必要なチャネルミックスが判明した。 ● すぐにアクションを起こすための人をアサインしてほしい。 ● チームの勢いやメンバーの成長を実感してほしい。

1 プロジェクト概要

本日は最終報告として、プロジェクト実施結果と今後の活動の提案を行う

目的・ゴール	目指すべきチャネルミックスと、実現のためのアクションプランを策定する
体制	全社一丸となった体制を組んでおり、主要メンバーが全て参加している
マスタースケジュール	スケジュール通りにプロジェクトを完了した
中間報告結果サマリ	中間報告では内部＆外部環境の分析結果を共有し、理解を得ている

2 目指す姿

事業目標を達成し、不足を出さないために、この方向性に従い、年内実現に向けたアクションに着手すべき

チャネルミックスの方向性	全チャネルを現在・将来価値の二軸にて主力・準主力・補完として位置付けた
FY09目標チャネルミックス	FY09の事業目標達成のために必要なチャネルミックスが算出された
FY09予測チャネルミックス	内部＆外部環境分析より、何も手を打たない場合のミックスが算出された
FY09不足分チャネルミックス	目標から予測の差分により、アクション対象となるミックスが判明した

3	アクションプラン

目指す姿を実現するために、各チャネルにおける詳細アクションプランの策定が完了した

アクションプラン全体像	実現するためには早期に体制を整えるべき
Aチャネル詳細プラン	Aチャネルの年度別詳細プラン（アクション項目・期限・オーナー）が策定された
Bチャネル詳細プラン	Bチャネルの年度別詳細プラン（アクション項目・期限・オーナー）が策定された
Cチャネル詳細プラン	Cチャネルの年度別詳細プラン（アクション項目・期限・オーナー）が策定された
Dチャネル詳細プラン	Dチャネルの年度別詳細プラン（アクション項目・期限・オーナー）が策定された

4	終わりに

この勢いをなくさず競合に先んじるためにも、すぐに人材をアサインしてもらいたい

成果まとめとTo Do	成果はこれだけある。チームとしても高いモチベーションを誇っている

chapter 2　［意義がわかる資料の作成方法］「目的」「ターゲット」「メッセージ」の明確化

このあたりは、次章の「構成」の内容とも関連が深いところですが、改めてセクションを作るのは、その資料のメインメッセージをいかにわかりやすく効果的に伝えるかを考えてのことです。メインメッセージで「〇〇である。なぜなら……」とサブメッセージを展開していく方がよい場合もありますし、サブメッセージを個別に説明した後でメインメッセージに上げていく方が適した場合もあります。

　ターゲットによっても、「この人には背景を先に説明した方がわかりやすいだろう」あるいは「現状分析結果から始めて、だから……とメインメッセージにつなげていった方が納得してもらえるだろう」など、いろんなケースが考えられます。プロファイリングシートをベースにターゲットやシチュエーションに合わせて組み立てを考えましょう。

　「セクション」の中身は、パワーポイントやキーノートを使うことを想定していますが、「スライド概要」とそのスライドで伝えたい「メッセージ」の組み合わせで作っていきます。そして、要所に「山場」を盛り込みます。「山場」は、キーチャートとも言いますが、メッセージ性が強く、特に説明に時間をかけたいところです。一定時間同じようなリズムで淡々と話を進めると、聴いている方は退屈をしてしまいます。ですから、「時間配分を各スライド１分とするが、山場には５分かける」というようにして話にメリハリをつけるようにします。

　場合によっては、説明をする機会がなく資料だけを渡すというケースもありますし、エレベータートークといい、本当に忙しいエグゼクティブの方をエレベーター前で待ち伏せして「ここだけ見てください」と２、３分で説明する場合もあります。したがって「山場」は一見してここが重要だとわかるよう念入りにこだわって作り込みます。

　図12は記入例です。「チャネル戦略はもう完成した。あとは実行するのみ！」というのが、ピラミッド構造の上部にあたるメインメッセージで、このメインメッセージを支えるサブメッセージが３つあります。しかし、サブメッセージをそのまま章にしているわけではなく、「１．プロジェクト概要」から入り「２．目指す姿」を掲げ、これを実現するた

図13 メッセージのチェックリスト

Good

メッセージ
- 言うべきことや、してほしいことなどの「伝えるべきこと」の伝達になっている

ストーリーボード
- 全体メッセージが盛込まれている
- フレームワークなどで構造化されている
- 流れの中で特にメッセージが強い山場が設定されている
- 対象者や時間に適したストーリーの分量になっている
- 目的・ゴールとリンクしている

Bad

メッセージ
- 「やったこと」や事実の言及に留まっている

ストーリーボード
- メッセージがもれていたり、論理飛躍がある
- 論理構造が見えない
- 重要なメッセージを伝える山場がなく、平坦なストーリーになっている
- 対象者や時間に対して内容が多すぎる(捨て切れていない)
- 目的・ゴールとのリンクが不明確

めの「3. アクションプラン」を出して、「4. 終わりに」で「後は実行するだけだから頑張りましょう」と締めくくるといったように、改めて章立てを考えています。そしてところどころに「山場」を設けています。

実際にはストーリーボードを作る人はごくわずかで、パワーポイントで資料を作りながら章立てを考える人がほとんどでしょう。しかし、スピードという点では、経験上ストーリーボードまで手書きで書いてからパソコン作業に入る方が圧倒的に速いと思います。

別の視点から言うと、伝えたいことがわかっていないとストーリーボードは作れないのです。何を言ってよいかわからないから、とりあえずパワーポイントを開いて、埋められるデータで埋めて……、とやっていくと、何とか枚数は揃うかもしれませんが、相手に伝わる資料という点では及第点には達しません。

面倒なようですが、本質は何なのか、自分は今回の資料で何を伝えたいのか、確認するためにも、一手間かけてストーリーボードを作ることをお勧めします。

05
「目的」「ターゲット」「メッセージ」を考える順番

基本は「目的」からスタートする

　以上、資料作成の【Step 1】から【Step 3】、「目的」を明確化して、「ターゲット」のことを知り、「メッセージ」を作るところまでを見てきました。

　この3つのステップの順番は、必ずしもこの順番でなければならないというものではありませんが、基本的には「目的」が最初になります。場合によっては、例えばカリスマ性がある方の講演などの場合は、メッセージが先になってもかまわないというケースもないわけではありません。しかし一般的には、「目的」──何のために資料を作ろうとしているのか、今回の資料で誰にどういうアクションをとってほしいのか、がスタート地点になります。

　次いで「ターゲット」──この資料を誰に出すのか、会議であれば誰をメンバーにすべきか。そして「メッセージ」──その人にどうしてほしいのか、というステップを進むのが、順当でしょう。

　繰り返しになりますが、「ターゲット」は最も重要なところです。レストランでも、食べにきてくださる方を知りその方の要望に沿うのは、「おもてなし」の基本です。一流店であればあるほどお客様の状況に合わせて徹底した心遣いをします。資料作成もこれと同じ。相手を知り相手に合わせることの重要性は、強調しすぎるということはありません。

06

山田君の資料作成ストーリー

「そうだ、企画書をあげよう!」

　ここでは、これまでにお話ししたことを元に、一人の若手ビジネスマン山田君が実際に企画書を作っていく様子を一緒に見ていきましょう。

● **あらすじ**

　山田君は30歳。それまでSEとして働いていた情報システム部門から営業企画に異動してきたばかりです。

　新しい部署に配置され、やる気まんまん……のはずだったのですが、どうも部署全体はそうでもないらしい。あまりやる気がなさそうに見える人が多く、効率もイマイチ。業績にもつながっていない様子。

　山田君が見るかぎり、これは、どうも部内のコミュニケーションが悪いことが原因のようです。

　「僕がプライベートでやっているSNSを使えば、部門内のコミュニケーション活性化ができるんじゃないか。ここは一つ、僕が一肌脱いで企画書をあげよう!」

　山田君は、自分のITスキルを営業企画で役立たせたいと考え、SNS導入を提案する企画書を書こうと決めました。

● **山田君の部署の登場人物**

1　先輩　幸田さん（33歳）

営業企画で企画書の達人。彼が作る企画書はとてもわかりやすく説明いらずと言われている。山田君の相談役。

2　営業企画課長　早田課長（40歳）
　営業企画は長いが、現場におされがちで中々新しい取り組みに踏み切れない。

3　営業1課課長　原田課長（36歳）
　営業の課長の中では若手でホープ。自部門で色々な取り組みを積極的に行っており、信頼・期待ともに大きい。

4　営業部長　有田部長
　ITには疎く、精神論で話すことが多いが、部門をよくしたいという思いは強い。

●**営業企画の状況**
　山田君から見ると営業企画の状況は次のとおりでした。

〈コミュニケーション〉
　部門戦略が伝わっていない。マネージャーミーティングは行っているが、部下には伝わっていない。営業部長は、話せばよい人だが、直接話す機会がないため、数字のプレッシャーを与えているだけの存在だと思われている。

〈仕事の効率〉
　仕事や組織の細分化が進んだため、誰がどんなことに詳しいのか、何をしているのかがわからず、連携がとれておらず、重複作業が発生したり、感情的に敵対したりしている。

〈ミーティング〉
　意見や発言が少なく、儀礼的な伝達で終わってしまう。良いアイディアが埋もれがち。

〈能力向上〉
　仕事のやり方が属人的であるため、個々人が勝手に勉強している。若手は特に勉強意欲はあるが、なかなか仕事に結びつかない。

「こんな企画では部長に持っていけないよ」

　山田君は、さっそく思いのたけをぶつけて「営業部門へのSNS導入企画書」を作りました。
「われながら力作だ。よし、これをまず営業企画課長に見てもらおう」
　山田君は、営業部長への提案に先駆けて営業企画課長に対して自信と熱意を持ってプレゼンテーションを行いました。
　しかし、意外にも結果は散々でした。
　企画課長いわく「SNSなんて仲良しが仕事をさぼっておしゃべりするための道具じゃないのか。けしからんよ、こんな企画では部長に持っていけないよ」
　山田君はがっくりきました。しかし、ここで引き下がるのも癪です。
　そこで、先輩である幸田さんに相談することにしました。
　3つ年上の幸田さんは、営業企画で「企画書の達人」と言われる人。幸田さんの作る企画書は、とてもわかりやすく説明いらずと言われています。
「営業企画課長は頭が堅くて」。山田君がつい本音を漏らすと、
「グチっても始まらないよ。オレから見ても山田の企画書は、SNSを導入しましょう、の一点張りじゃないか」と幸田さん。
「そもそも、今回の企画書の目的とゴールは何？　この企画書を見た人にどうしてほしかった？」幸田さんは山田君にそう聞いてきました。

「どうしてほしいって……!?」 山田君は言葉に詰まります。しばらくして一言。
「企画の承認かな……」
「全然わかってないな。はっきりとしたゴールのイメージを持たないと企画書を作る出発点にも立てないよ」。幸田さんは断言します。そして、さらに「じゃあ、企画書を読む相手のことをプロファイリングした？」と畳みかけてきます。
「プロファイリングって何ですか？」と山田君。
「相手のことがわかってないのに、企画書を作るなんて到底無理だね」キビシイ言葉を投げかけながらも、幸田さんは、むしろ乗ってきた様子で話を続けます。
「企画書でも何でも、ビジネスでは資料を作る前にやることがあるだろ。まず資料を作る目的をはっきりさせなきゃ。で、山田は、誰にどうしてほしかったんだっけ？ そもそも資料ってさ……」と幸田さんは山田君に前項【Step 1】～【Step 2】の説明をしてくれました。

山田君、プロファイリングシートを作る

もともと素直な性格で切り替えも早い山田君は、幸田さんにお礼を言うと、さっそく【Step 1】目的・ゴールの設定、【Step 2】ターゲットを知るためのプロファイリングシートの作成に着手しました。
そして、今回の企画書の目的を図14のように定めました。
また、営業企画の早田課長と営業部の有田部長をメインターゲットに設定して周囲の人にヒアリングしながら、数日後、図15のようなプロファイリングシートを作りました。
そこから導き出した仮説は、以下のようなものになりました。

「SNSとは何かを早田課長が自分の言葉で語れるようにする。そのためにSNSの営業部での効果をイメージできるような他社事例を参照する。現場で影響力のある原田課長が賛同するような活用シーンの案を盛

図14 **目的**

| 1 | どんな行動をとってもらいたいのか |

営業部長に対して、営業企画の目玉企画として
自信を持って推薦してもらいたい。

| 2 | そのために何を理解してもらいたいのか |

SNSの基本概念と営業業務への適用イメージ。

| 3 | そのためにどのような状態にするべきか |

営業部長に対しSNSを自分の言葉で
語れるようになってもらい、部長や現場からの質問にも
自信を持って答えられるような状態にする。

り込む」

「直接パワーポイントで作り始めちゃダメだ」

「目的・ゴールも設定できたし、プロファイリングもしっかりして仮説もできた。資料に盛り込みたいことが山ほどある！ さて作るぞ！」

山田君が、手持ちの仕事を終えた夕方やる気まんまんで資料にとりかかっていたところ、訪問先から帰社した幸田さんがコーヒーを片手にやってきました。

「精が出るな」。幸田さんは、山田君のパソコンをのぞきましたが、急に声が大きくなりました。

「ちょっと待て。メインメッセージは何？ ストーリーは決めた？」

「……いえ？」と山田君。

「直接パワーポイントで作り始めるなんて時間がかかるだけだし、体裁に気がいってしまって、本質からずれていってしまうことが多いんだよ。まずはパソコンに向かう前に徹底的にメッセージとストーリーを叩かな

図15 **プロファイリングシートの例**

ターゲット	①営業企画　早田課長 ②営業部　有田部長			
プロファイル	**人物像**			
	①	今年はよい企画を出さなくてはならないというプレッシャーを受けているが、現場の反発も気にしている。		
	②	営業に対する熱い思いはあるが人となりが伝わっておらず数字重視の厳しい人と思われている。		
	情報			
	現状	IT	SNS	事例
①	○	○	△	×
②	△	△	×	×
仮説	SNSとは何かを早田課長が自分の言葉で語れるようにする。そのためにSNSの営業部での効果をイメージできるような他社事例を参照する。現場で影響力のある原田課長が賛同するような活用シーンの案を盛り込む。			

その他主要ステークホルダー 営業1課　原田課長	

期待
この企画が効果的であることを確信すること 部長からも現場からも非難されずに今年の目玉企画にすること
営業部全体の士気と売上の向上。企画や施策に対しては常に数値効果を期待。面倒なITツールの活用については否定的。

理解
営業現場の現状や現在導入されているITツールには詳しいがSNSなど新しいものは知らない。
現場の声、状況は届いていないためあまり知らない。テクノロジーについては全般的に疎い。

くちゃ」
「そうなんですか……。すみません、また、教えてもらえませんか」
　幸田さんはコーヒーを飲み干し、「いいかい」と、紙とペンを持って山田君の方に向き直りました。
「メッセージとは主張と根拠。その主張が正しいと納得してもらうためには根拠＝相手の"なぜ？"や疑問に少なくとも５つまたは５回以上は答えられるよう準備が必要だよ。例えば、早田課長ひいては有田部長が考えるような疑問はどれくらいあるか洗い出してみたら？」
　幸田さんは、自分の言いたいことはいったん脇に置いてまっさらな気持ちで相手の聞きたいことを洗い出してみるよう、山田君に勧めました。
　そしてその中に「自分が聞かれたら困ること」もちゃんと入れるようにとつけ加えました。
　山田君は、幸田さんのアドバイスを受け、早田課長や有田部長が疑問に思いそうなことや質問してきそうなことを思いつくままあげてみました。

早田課長・有田部長のなぜ？・疑問の洗い出し

・なぜ、SNSを導入するのか？
・なぜ、SNSが最もいい方法なのか？
・なぜ、今の仕組み（グループウェア、社内報）ではいけないのか？

・なぜ、他社ではやらない／やっているのか？
・なぜ、うちの営業部門で使えると言えるのか？
・なぜ、今やる必要があるのか？　時期尚早ではないのか？

・なぜ、リスクがないと言えるのか？
・なぜ、こんなにコストがかかるのか？
・なぜ、運用できるのか？

・なぜ、効果があると言えるのか？ ……

　簡単に思いついただけでも10個以上出てきました。

ビッグワードを並べても、相手には響かないよ

「ところでこの資料で訴えたいメッセージは何？」と幸田さん。
「SNSを導入して営業部門のコミュニケーション活性化をはかり、ナレッジマネジメントを推進する……です！」山田君は、はりきって答えました。
「"コミュニケーションの活性化"とか"ナレッジマネジメント"とか、一見それらしいけど中身が感じられないビッグワードをいくら並べても、相手の耳には響かないよ」と幸田さんはズバッと指摘します。
　山田君はショックを隠せず、口を真一文字に結んで視線を落としました。
「わかりやすいやつだな。内容自体がダメだって言ってるわけじゃない。もっと具体的に、どんな状態にしたいのかをしっかり考えて明確に伝わる言葉を使ってメッセージにしなくてはダメだと言ってるんだよ」
　幸田さんのアドバイスを聞いて、山田君は一生懸命具体的に考え始め、次のように答えました。

「提案書などナレッジの蓄積は既存システムでできていますが、情報の鮮度が落ちるスピードは以前よりも格段に速くなっていて、去年の提案書を見ても参考になることは少なくなっています。SNSや個人ブログで最先端の旬な情報が飛び交うような状態にしたいです」
「組織が細分化され、一見効率が上がったかのように見えますが、実は逆で、組織間での情報共有が全くできていません。みんな知り合いになってセクショナリズムをなくしたいです」

　幸田さんは、「だいぶ具体的になってきたね」と頷きました。

「じゃあ、その状態を相手の心に響く言葉にしてみよう。旬な情報が飛び交う状態というのを、"ネット上のたばこ部屋"とか"ネットでの即興演奏"という言い方にしてみるのはどうだろう？　あとは、ナレッジマネジメントの状態として、"蓄積型から流動型へ"というのも今の状態と目指すべき状態がわかりやすいんじゃないかな？」

「思考停止とは、痛い言葉ですね」

「……。幸田さんは、どうしてそんなに次々と言葉が浮かんでくるんですか？」山田君は思ったことを素直に聞いてみました。
「コミュニケーション活性化というビッグワードで片付けるのは思考停止状態なんだよ」と、幸田さん。
「深く本質を考えていけば誰だってこれだ！　というものが出てくるよ。コミュニケーション活性化って曖昧な言葉がわかりやすいと思う？　わかりやすいってことは、何のことか理解しやすく、どうすればいいか納得しやすいことなんだよ。まずは何のことを言ってるのかわかるようにしたら？」
「……。思考停止とは、痛い言葉ですね。でも確かに言われてみればそうかもしれません」。山田君は次の言葉を待ちました。
「それから、説得力のあるメッセージにするための工夫が必要だね。人によって、訴求力があるものは違う。数値だったり、物語性だったり、百聞は一見にしかずというように画像や動画などイメージの場合もあるね。今回のメインターゲットである部長には何が一番訴求するかを考えるべきだね。例えば、現状をあまり知らない部長に現状のひどさを知ってもらうためにはどんな訴求方法がいいと思う？」
「えっと、コミュニケーションの時間でしょうか？　それは測るのが難しいな……？　どうしよう？」山田君は黙ってしまいます。
「そう、数値で時間がXX時間ロスしている、という言い方もあるし、コミュニケーションパスを図解してもよいね。または資料山積みで人を探して混乱している仕事場の映像が効くかもしれないし、ある営業マン

のインタビュー結果でもよいかもしれないね。とにかくその人が知らない、つまり意外性のある一番ヒットしそうな情報は何かを考えるんだ」と、幸田さんはできそうな例をいくつも挙げていきました。

山田君は、何だか気持ちが上向きになってきました。

「わかりました。コミュニケーションに問題がある、ということをどうわかりやすく伝えるか徹底的に考えてみます！」そう言うと、左手のこぶしにグッと力を入れました。

「ストーリーボードって何ですか？」

翌朝、山田君は幸田さんをつかまえて、またまた相談を持ちかけました。

「幸田さん、主張や根拠、相手の疑問への回答……これらを全部資料に入れようとすると、すごい量になってしまって、困っているんです」と山田君。

幸田さんは忙しそうに頷きながら、「夕方ね」と、経営企画室を出ていってしまいました。

さて、みんなが帰って経営企画室も静かになった頃、幸田さんは「ちょっといい？」と山田君を呼びました。そして、

「言いたいこと全部入れようとしたって言ってたね。気持ちはわからなくはないけど、そんなの意味がない。山田だってそんなてんこ盛りの資料見せられたらどう思う？」と切り出しました。さらに、

「これら全てを資料に入れるわけではないんだよ。資料に含むもの、口頭での説明にするもの、参考資料にするもの、Q&Aとして準備しておくもの……とまずは切り分けた方がいいね。またこれ以外にもメッセージの"主張"部分も資料には当然必要なので、それも含めてストーリーボードを作成する必要があるね」と言いました。

「ストーリーボードって何ですか？」と山田君が尋ねました。

「メッセージをきちんと理解・納得してもらうために、相手が理解しやすいように情報の順番を決めて、ストーリー仕立てにすることだよ。箇

条書きでも文章でも何でもいいんだけど、全体のボリュームや構成がわかりやすいので、こんなテンプレートがおすすめだね」と幸田さんは、ファイルから以前自分で作ったテンプレートのサンプルを取り出して見せてくれました。そして、【Step 3】のストーリーボードの作り方を教えてくれました。

「なるほど……。こうやってストーリーを作ってから、資料作成をはじめるんですね。今まではいきなりパワーポイントに向かっていました。早速作ってみます！」山田君は、幸田さんにペコリと頭を下げて席を離れました。
「できれば何パターンか作ってみることだよ。比較できるからね」幸田さんは、山田君の背中に声をかけました。

山田君、ストーリーボードを作る

週末、自宅で山田君は、いろいろ考えながら、ストーリーボードを作りました。最初はノートパソコンで作ろうとしましたが、まずは幸田さんのアドバイスどおりと思い、使っていなかったカレンダーがあるのを見つけ裏に手描きで書いてみました。

試行錯誤しながらできたのが、図16（①）、図17（②）の２つのストーリーボードです。

①は、早田課長、有田部長が営業部門の現状についてかなり疎いと仮定し、"Why？（＝なぜ今やらなくてはいけないのか？）"に主眼を置いてストーリーを構成したものにしました。現状の説明と理解で時間切れにならないように、現状はなるべく数値を用いてできていなさ加減をコンパクトに伝えるストーリーを作りました。

②は、現状については問題意識が高いので、"Why？（なぜやるのか？）"よりも、"What？（何をしようとしているのか？）"を理解し

てもらい、Before／Afterで効果を訴求するストーリーとしました。

「相手の"Why？"を5回以上考えなさい」とアドバイスを受けたこと、「あれやこれやすべて入れたてんこ盛りの資料ではダメだ」とクギを刺されたことから、図10（52ページ）のように、想定した「相手の"Why？"」への答えは、ドキュメンテーションに含むもの、口頭で説明するもの、質疑応答で回答するもの（Q＆Aリスト）に分けました。
　ここまでやると、山田君は何だか気分がすっきりしてソファに寝転がりました。
「ストーリーボードって映画でいう脚本みたいなものなんだ。確かに言いたいことがたくさんあっても、ストーリーがないと訳わかんないもんな」
　月曜日、ストーリーボードを幸田さんに見てもらうことを思うと、なんだかワクワクもしてきました。
「ようし、ぜーったいに、営業企画部にSNSを導入するとこまで持ってくぞー！」
　山田君はエイッと起き上がって大きな伸びをして、よく晴れた日曜の町に出かけていきました。

　いかがでしょうか。
　山田君は、思いが強かったこともあり、幸田さんのアドバイスをどんどん吸収していきました。実際には、このようにスムーズにはいかないかもしれません。ただ基本的な流れは同じです。
　今回、山田君は、「Why？」に重点を置いた資料、「What？」に重点を置いた資料の2タイプを作りました。いくつもパターンが作れるということは理解できていて応用力がついてきている証拠です。
　みなさんもぜひ山田君のように、目的、プロファイリングシート、ストーリーボードまでを実際に作ってみてください。

図16 ストーリーボード 記入例①

メッセージ	SNSで、営業部のナレッジを蓄積型から流動型に変えて、営業部門の機動力を20％向上させたい

1 営業部の現状	2 目指すべき姿
グループウェアやナレッジを蓄積する道具はあるが有効活用されておらず、コミュニケーションロスが多い	営業部の機動力を高めるために、旬な情報、横のネットワーク、人材の見える化を実現する

現状サマリ	様々なシステムを導入しているが、その効果は……	目指す姿サマリ	3つの効果を目指す
情報の遊休資産化	ナレッジマネジメントシステムにはいっているのに活用されていない	旬な情報が飛び交う部へ	情報の"キャッシュフロー"を高める
セクショナリズム	……	縦横無尽なアメーバ組織	……
専門家不在	……	人材の見える化	……

営業部門の現状についてかなり疎いと仮定し、"Why？(=なぜ今やらなくてはいけないのか？)"に主眼を置いてストーリーを構成。現状の説明と理解で時間切れにならないように、現状はなるべく数値を用いてできていなさ加減をコンパクトに伝えるストーリー。

chapter 2 【意義がわかる資料の作成方法】「目的」「ターゲット」「メッセージ」の明確化

3	SNSとは?

SNSは個人ネットワークのためのツールではなく、業務において活用することで特に我々の部門の問題を解決できる

SNS 全体像	SNSとは「XXX」のようなものである
従来システム との違い	グループウェアとの違いを比較表にする
活用イメージ 想定効果	SNSを活用した業務イメージを3つ

4	アクションプラン

クイックスタートを切るために、人・資金について承認いただきたい

タスクと スケジュール	……

参考資料	
他社 事例①	……

図17 ストーリーボード 記入例②

メッセージ	SNSで、営業部のナレッジを蓄積型から流動型に変えて、営業部門の機動力を20％向上させたい

1	企画の趣旨		2	SNSとは？	
懸案となっている営業部門の課題を解決するために、SNSを導入する			SNSとは複数のコミュニケーション手段が統合された、ネット上の社交場である		
	現状サマリ	営業部門の課題を参照		What's SNS?	SNSとは「XXX」のようなものである
	企画概要	SNSを導入して3つの変化を起こし機動力を高める		既存システムとの違い	……
				他社活用事例	……

現状については問題意識が高いので、"Why？（なぜやるのか？）"よりも、"What？（何をしようとしているのか？）"を理解してもらい、Before／Afterで効果を訴求するストーリー。

chapter 2 ［意義がわかる資料の作成方法］「目的」「ターゲット」「メッセージ」の明確化

3	Before／After

蓄積型から流動型へのナレッジマネジメント、縦から横へのネットワーキング、人材の見える化を進める

情報活用 Before／After	蓄積して埋没させるのではなく、旬な情報が飛び交う
人材交流の Before／After	セクショナリズムが打破され、アメーバ状に効率のよい体制が構築できる
人材の Before／After	埋もれている人材が発掘され組織としてフルに人材活用が可能となる
導入効果 試算	3つの変化により、XX円の投資対効果が見込める

4	アクションプラン

クイックスタートを切るために、人・資金について承認いただきたい

タスクと スケジュール	……

参考資料

部門内 インタビュー 結果	……

chapter 3

［意味がわかる資料の作成方法］
資料の構成を考える

01

[Step4 構成]
資料全体の構成を考える

スライドの意味がわかるか否かは構成次第

　ではここからは、「料理のテクニック」を使ってどうやって資料を作るのか、実際に資料を作る段階に入ります。【Step 4】「構成」です。「構成」は、わかりやすい資料とするために、相手の頭の中の本棚をイメージして、その本棚に情報を収めやすいよう全体を並び替えるというステップです。

　ここは、しかるべき全体像やフレームワークを決め、わかりやすい順番を考えて整理し、さらに整理したものにタイトルをつけていく、というプロセスになります。内容を的確に表現し、かつ相手が見出しとして認識しやすいタイトルをつけるまでが、このステップです。

　具体的には、いわゆるロジカルシンキングと同じで、まず伝えたいことから構成要素を抜き出していきます。次にそれらをいくつかの箱に区分けし、どのような順番で説明すればよいかを決めます。

　その後、レベル感を合わせるために大きなコンセプトを決め、その下にいくつかの項目を作り、言いたいことのまとめをする、といった流れになります。最後にレベルを揃えたものに「〇〇チャレンジ」や「△△プロセス」など見出しをつけていきます。

　図18〜20は、いずれも資料の全体像を示したものですが、図18→図19→図20と構成の改善が進んだものが並んでいます。

　図18は、まだ構成がされていない例です。レベル感がばらばらで、一見したところでは、何を伝えたいのか内容もわかりづらいです。

　タイトルが「本日のご説明事項」となっていますが、このタイトルで

図18 **構成案（未構成）**

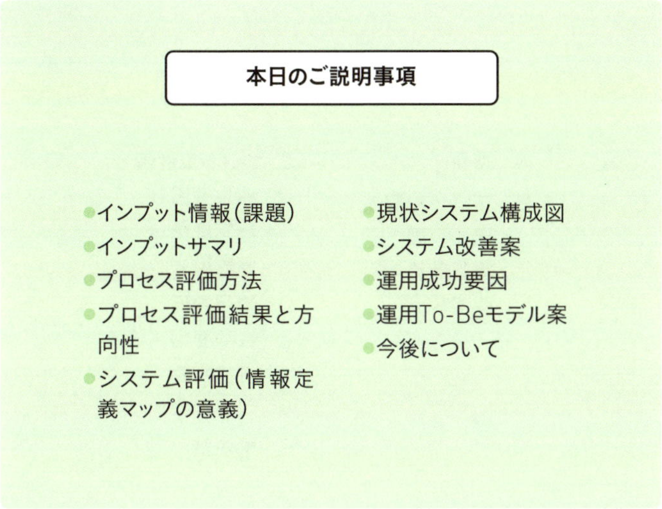

```
┌─────────────────────────────────────────┐
│         ┌──────────────────┐            │
│         │  本日のご説明事項  │            │
│         └──────────────────┘            │
│                                         │
│   ●インプット情報（課題）  ●現状システム構成図  │
│   ●インプットサマリ       ●システム改善案    │
│   ●プロセス評価方法       ●運用成功要因      │
│   ●プロセス評価結果と方    ●運用To-Beモデル案 │
│    向性                  ●今後について      │
│   ●システム評価（情報定                     │
│    義マップの意義）                        │
│                                         │
└─────────────────────────────────────────┘
```

は中身を類推することができません。見出しとして使われている言葉も、「サマリ」だったり「評価」だったり、統一されておらずレベル感の違うものが混在しています。

　また、「インプット情報（課題）」のように括弧を使っていますが、括弧書きで付け加えられた情報は、補足情報のつもりでも逆に内容をわかりにくくしている場合がよくあります。括弧内の情報を包含したタイトルにするか、あるいは括弧書きではなく本文中で語るなどと改善した方がよいでしょう。

　図19は、テキストレベルで構成を整えた改善例です。タイトルが「現状分析報告目次」となり、これから話す内容がわかるようになりました。また、中身も「課題」「評価」「解決策」といった構成要素にまとめられ、さらに「評価」は「プロセス評価」「システム評価」「運用評価」に分けられています。その下にそれぞれ「成功要因」「現状評価」「改善機会」といった項目が設けられ、レベルが整理されました。

　図20では、それをさらに図解してチャートにしています。図解する

図19 **構成案（テキストレベル）**

```
現状分析報告目次

A. 課題
B. プロセス評価
    成功要因
    現状評価
    改善機会
C. システム評価
    成功要因
    現状評価
    改善機会
D. 運用評価
    成功要因
    現状評価
    改善機会
E. 解決策
```

ことで視覚的になり、さらにわかりやすくなります。

構成の土台はストーリーボード

　スライドの構成について説明しましたが、その土台となるのは、先のchapter 2で説明したストーリーボードです。
　メッセージがしっかり作られ、そのメッセージの下にストーリーボードが作られていれば、改めて構成を練る必要はありません。ストーリーボードがそのままスライド構成になります。
　しかし、中には複数の人で分担し、様々なコンテンツを出し合い、それらを寄せ集めて資料を作るような場合があります。そのようなケースでは、まず言いたいこと、伝えたいことを出し合い、それらを整理整頓して順番を考えて……といった、先ほど述べた構成を行わないと手戻りがかなり多くなるでしょう。
　また、いったんストーリーボードに基づいて資料を作り始めても、途中でしっくりこないこともありますし、前提条件が変更になる場合もあ

図20 **構成案（図解レベル）**

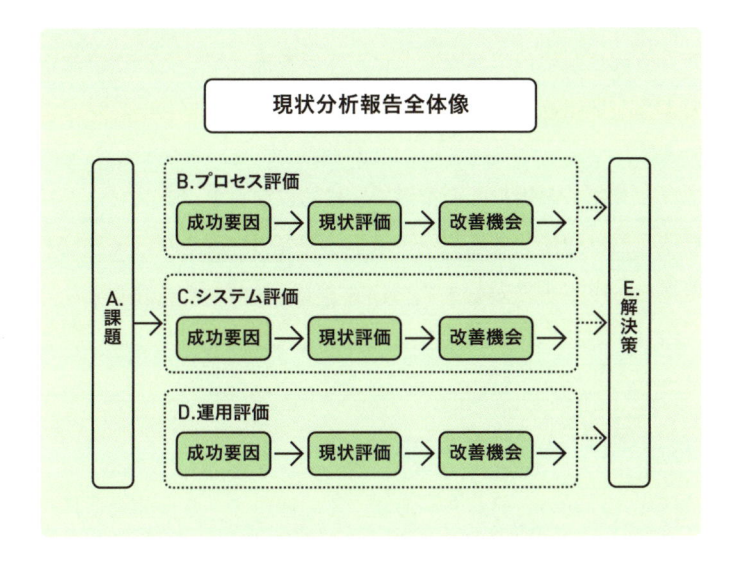

りjust. そのような場合も改めて、このスライドの構成を行います。

構造化に利用したいフレームワーク

　構成を考える際の構造化の手段として積極的に取り入れていきたいのがフレームワークです。フレームワークを資料の構成や目次に取り入れることによって、相手の頭の中の本棚を作るのが容易になるのです。

　例えば、マーケットの話であれば「３Ｃ（Customer：市場・顧客、Competitor：競合、Company：自社）」、マーケティングの話であれば「４Ｐ（Product：製品、Price：価格、Place：流通、Promotion：プロモーション）」、あるいは、「プロセス、システム、運用の３つのフレームワークで整理しました」といったように、フレームワークを使うと、相手もすでに知っていて感覚的になじんでいるものも多いので、理解してもらいやすい構成になります。

　プロジェクトの話をするのであれば、「ヒト、モノ、カネ」。サービスの話をするのであれば、いわゆる「QCD」（Quality：品質、Cost：コス

ト、Delivery：納期）といったように、一般化しているものもあります。企業の経営や改革がテーマであれば、中核となる経営コンセプトや戦略があり、それに基づいてプロセスにどう手を加えてきたのか、お客様にはどのような取組みをしてきたのか、といった基本フレームワークをよく用います。

すでにビジネスの場やその業界で一般的になっているフレームワークがあれば、自分のオリジナルの言葉や分類を用いるより、フレームワークを活用した方がよいでしょう。

また、日頃からそうしたフレームワークを使いこなせるよう勉強しておくとよいと思います。

大項目の数は「3」「5」「7」

全体構成には初めと終わりがあり、その間に2～5つの大項目があるのが一般的です。先ほどの図18では項目が多すぎて、一見して頭の中に入りません。図19では、最初に「A．課題」、終わりを「E．解決策」とし、その間を3つの項目で分類した結果、かなりわかりやすくなりました。

項目が多すぎる場合は、階層を上げて大分類を作りなおす必要があります。マジックナンバーといわれる3、5、7を使うとよいでしょう。

3は、どこでもよく使われていますし誰でも覚えやすい数字です。5は、3プラス2ですからこれも比較的理解しやすいです。7になるとさすがに覚えにくくはなりますが、例えば「お伝えしたいことは7つ。すべてSが付いています」というように、キーワードの頭をとって覚えやすく7つにまとめるなど応用して使うとよいでしょう。

また、項目を絞り込むのは相手が理解しやすくするためですから、実際には、図20のような図解チャートをそのまま「今日ご説明したい報告はこれです」と相手に見せるとよいでしょう。単にテキストベースの目次より、チャートを見せて「現状に基づき3つの評価を行った上で解決策を出しました」と言えば、全体像が直感的に理解できますから、

たった数秒で導入部分の説明がすみますし、最初に全体像を図で見せることで、頭の中の本棚の棚割ができるので、その後の詳細説明もスムーズになります。

見出しの付け方

　棚割ができたら、次に見出しを付けます。そこで伝えたい内容を的確に表現できていて、かつ相手が見出しとして認識しやすいものを選びます。認識しやすいかどうかは相手やその所属する業界によっても違ってきますから正解というものはありません。ターゲットプロファイリングに基づいて、わかりやすい表現を選ぶとよいでしょう。

　ポイントは長すぎないことです。せいぜい図20の「成功要因」や「プロセス評価」のように2つの単語を並べるぐらいがよいと思います。

　見出しに同じ単語が3回以上重複して出てくる場合は、因数分解で括って重複する単語を1つ外に出した方がよいでしょう。図20も「評価」という単語が3つ重なっていますから、真ん中部分を大きく括って「評価」として、その中を「プロセス」「システム」「運用」とすれば、さらにわかりやすくなるかもしれません。なるべくテキストを減らす方がわかりやすさにつながります。本質が何かを掴みやすくなる、という意味でもよいでしょう。

　ただ、やりすぎると削りすぎて訳がわからなくなってしまうこともありますから、資料の中でどうしても伝えなければならないことであれば、多少冗長になってもしっかり見出しに入れ込む必要があります。

　このあたりはバランスが大切で、言葉のセンスも要するところです。

02

[Step4 構成]
スライド内の構成を考える

もう1つの構成「ページ構成」

　ここまで、スライド全体の構成についての話をしてきましたが、構成にはもう1つ、ページごとのスライドの構成「ページ構成」というものがあります。

　ページ構成とは、ページのスタイルや書式をあらかじめ決めておくことを指し、これによって手戻りをなくしトータルの作業量を減じることができます。複数で分担して資料を作るような場合は特に重要です。

　図21は単純な構成例ですが、基本として押さえておきましょう。ま

図21 ページ構成

1. ページ内に以下のオブジェクトを配置する
   - メッセージライン
   - グラフ・表・チャート
   - ガイドなど

2. 共通で使用する、書式及びカラーを設定する

3. サンプルを記入する

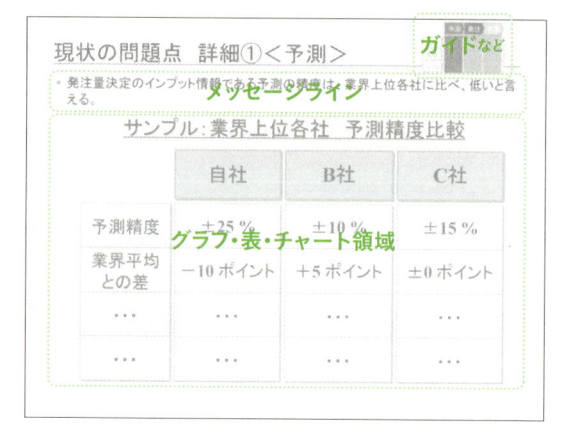

現状の問題点　詳細①＜予測＞　　　　ガイドなど

* 発注量決定のインプット情報である予測の精度は、業界上位各社に比べ、低いと言える。　メッセージライン

サンプル：業界上位各社　予測精度比較

	自社	B社	C社
予測精度	±25%	±10%	±15%
業界平均との差	−10ポイント	+5ポイント	±0ポイント
...	...	...	...
...	...	...	...

グラフ・表・チャート領域

図22 **オブジェクトの配置**

バランス・視線の流れ・余白の3つの視点に配慮し、オブジェクトを配置する。

視点	バランス 左右対称	視線の流れ 上から下、左から右	余白 30％程度
悪い状態	上段・下段の バランスが悪い 落ち着かない	流れがばらばら 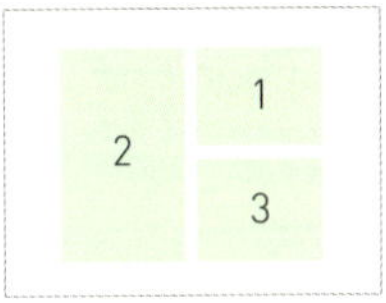 1 2 3 理解を妨げる	スライドいっぱいに配置  圧迫感を与える

ず、①ページ内にメッセージラインはどう入れるか、グラフやチャートはどこに配置するか、ガイドの入れ方はどうするかといった主要部分を決めます。それから②全スライド共通で使用する書式やカラーを設定します。その上で③サンプルを記入します。こうすることによって視覚的にもイメージしやすくなり、作業効率も上がります。

またページ構成には、ページ上にオブジェクトをどのように配置するかといった配置の仕方もあります。図22に例示されていますが、そのポイントは、バランス、視線の流れ、余白の3点です。

バランスとしては、基本的には左右対称がよいでしょう。そして、視線の流れは上から下、左から右が自然ですから、資料を作成する際もこれに従うようにします。余白については、極端に余白が少ないと圧迫感を感じさせてしまいますから、紙面の30％程度を余白にするよう配慮するとよいでしょう。こうした視線のセオリーに従って、あらかじめページ構成を決定しておくのです。

構成がうまくいかないときは、そもそもの論理に問題がある

　ときおり図22の「悪い状態」の例にあるように、オブジェクトのボリュームにばらつきがあったり、上段・下段のバランスが極端に悪い構成、話す順番とオブジェクトの配置がちぐはぐな構成を見かけます。

　例えば伝えたいことが3つあり、そのレベルが揃っていれば、自ずとボリュームも揃ってくるはずです。それなのにページ構成に無理が出てきてしまっているのは、その前段階、そもそものロジックに問題があるのです。ロジックがしっかり組み立てられておらず、"思いついた順に、もしくは書きたいように書いた"から、こうなってしまったというケースが多いように感じます。

　構成がどうしてもうまくいかない場合には、面倒なようでもストーリーボードなどの前段階に戻ってロジックから確認し直すようにしましょう。

03

[Step4 構成]
構成の応用編

「フル」と「エグゼクティブ向け」の2つの構成を用意

　スライド全体の構成を考える際には、できれば「フルバージョン」と「エグゼクティブバージョン」の2パターンを思い描いておかれることをお勧めします。

「エグゼクティブバージョン」とは、「エグゼクティブサマリー」とも言い、忙しいエグゼクティブ向けに最も伝えたいポイントを短くまとめたものです。要するに何を言いたいのか、1枚にまとめたもの、もしくは、ぱらぱらとめくって見てわかるようなものです。

　それというのもエグゼクティブに限らずビジネスにおいては相手は概して忙しく、提案や説明を行うような場合でもいただいた時間みっちり説明できることは稀で、相手の方が遅れてきたり半分の時間で説明してほしいと言われたりすることが非常に多いからです。

　特にエレベータートークでは、非常に忙しいエグゼクティブ相手に2、3分で説明することになりますから、全体像をチャートでお見せして相手の関心があるところだけ説明するということもあります。また2、3枚のキーチャートだけを見せる場合もあります。

「フルバージョン」は関心を持っていただいた箇所について「詳しくはこちらの添付資料をご覧ください」といった形で活用する場合もあり、場合によっては数十ページあってもよいでしょう。

　一方の「エグゼクティブバージョン」は、ざっと目を通した後にメッセージは何だったのか瞬時に思い起こせるようなもの、1枚ものか数枚程度がよいでしょう。

図23 **構成チェックリスト**

Good	Bad
スライド構成 ● ストーリーボードとスライド構成が一致し、各章の表紙が適切に挿入されている ● 全体像を表すマップが設定されている **ページ構成** ● バランス、視線の流れ、余白を考慮したオブジェクト配置になっている ● 利用シーンに適した書式・カラーを設定している ● ページ構成を決定した後に作成を開始している ● 目的・ゴールとリンクしている	**スライド構成** ● ストーリーボードとスライド構成が揃っていない ● ドキュメント構成の全体像や部分の関連性が見えない構成になっている **ページ構成** ● オブジェクト配置、書式のルールがない ● 利用シーンを考慮せずに書式・カラーを設定している ● 「とりあえず」作成にとりかかり、最後に合わせるやり方で作成している ● 目的・ゴールとのリンクが不明確

　資料の目的を達成するため、状況に応じて臨機応変に対応できるようにしておきましょう。

chapter 4

[意味がわかる資料の作成方法]
情報の質と量を
最適化する

01

[Step5 ビジュアル化]
情報の質を高める

わかりにくいスライドはどこが問題なのか？

　それでは、いよいよ【Step 5】「ビジュアル化」に入ります。ここまできてやっとパソコンを開けます。
　と言いつつも、いきなり作成テクニックをお話しする前に、まずはわかりにくい資料というのはどこが問題なのか、考えてみましょう（図24）。わかりにくい資料の問題点を探って、その上でわかりやすい資料のビジュアル化について理解するのです。
　まず、ビジュアル化と言いつつも加工や体裁だけではなく、やはりそもそもの素材である情報や使われる言葉も、資料をわかりにくくする重要な要因です。
　まずわかりにくい原因としてあるのは、そもそもの情報の質がよくない場合。料理で言えば、料理の素材自体が悪い場合です。
　情報の鮮度が良くなかったり、データの取り方が間違っていたり、あるいは、そもそもメッセージがないことさえあります。あってはならないことですが、提案するもの自体にバリューが欠けているという場合もないわけではありません。情報の質が悪い場合はドキュメンテーション技術では補い切れません。
　2つ目は、情報の量が多すぎるという問題です。料理でも、いくら素材がよいものであっても、てんこ盛りでは消化不良を起こすでしょう。最近は、この問題が特に多いように思います。あれもこれも伝えたいがため情報が削り切れない、もしくは質問やリクエストされるがままに枚数を増やしていってしまうとこうなるのですが、それでは、本質が見え

図24 **わかりにくい資料の原因**

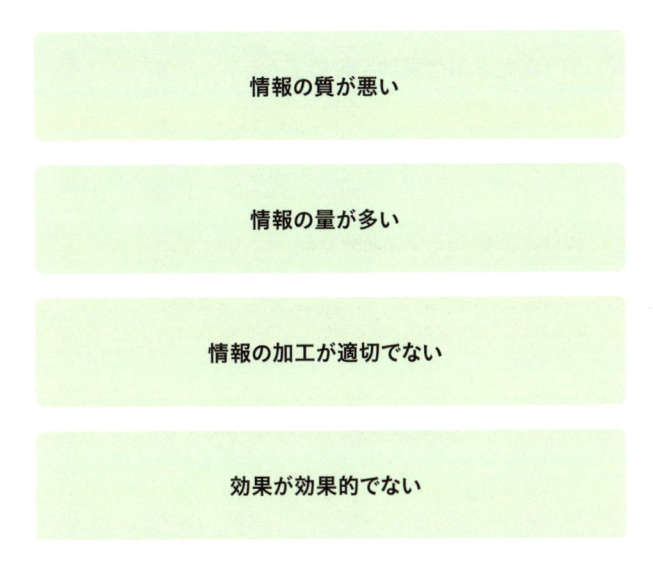

```
情報の質が悪い

情報の量が多い

情報の加工が適切でない

効果が効果的でない
```

にくくなり、さらなる疑問が生まれてしまったりと意思決定が遅れてしまうでしょう。

　3つ目は、質がよく量も適切だったとしても、情報の加工が適切ではないというケース。料理でいうとにんじんの切り方が大きすぎるとか、いくら新鮮でも泥つき大根はそのままでは食べられないといった問題がある場合です。この場合は、よい情報を事実そのまま伝えるだけではなく、例えばその情報のインパクトを際立たせるように表やグラフに加工したり、比喩やアナロジーを用いてより消化しやすくする、といった加工が必要でしょう。

　4つ目は、効果を出そうとやっていることが効果的になっていないケースです。パワーポイントなどの資料作成アプリケーションの機能が増えるにつれ、わかりにくくしている要因として多くなってきています。イラストやアニメーションやカラーを使うのはいいのですが、その使い方がまずいためにかえって理解を妨げてしまっているケースが多いのです。料理で言うと、スパイスを使いすぎてしまっていると言えるでしょう。

図25 情報の質を高める

使う言葉を選び意味を定義する
「バリュー」「課題」などのビッグワード
「レビュー」「コミュニケーション」「協業」などの動作
情報の"鮮度"を確認する

具体と抽象のバランスをとる
具体性:「相当遅延した」→「平均1日だが3日以上遅れた」
　　　　「貴重なご意見を」→「改善点、期待の声を」
抽象性:「冗長性を排除し文章を整える」→「推敲する」

タイトル・見出しと内容の食い違いをなくす
例:「成果」と書いているが「やったこと」が書いてある……
　　「特徴」と書いてあるが、「凡庸なこと」が書いてある……

使う言葉を選び意味を定義する

　では、わかりにくい資料の問題点がわかったところで、そうした問題を避けてわかりやすい資料を作る「ビジュアル化」の技術を、一つずつ見ていきましょう。まず、ビジュアル化の技術の1つ目は、「情報の質を高める」です。これには、①使う言葉を選び意味を定義する、②具体と抽象のバランスをとる、③タイトル・見出しと内容の食い違いをなくす、という3つのポイントがあります。

　まず、情報の質を高める第1ポイントは、言葉を厳選することです。資料作成は、言葉にどれだけ厳密になれるかが出発点です。使う言葉を意識的に選び、自分が使っている言葉の意味をしっかり定義づけておく必要があります。

　多くの資料を見ていて気になるのは、「バリュー」や「課題」「支援」といった複数の意味に取れる言葉です。よく使われますし、なんとなくわかった気になり便利ですが、突き詰めると何のことを指しているのか

図26 曖昧な言葉の例

形容詞／副詞	最適な／非常に／貴重な／魅力的な／尖った／公平で透明／標準的／統合的
動詞	検討する／善処する／支援する／コミュニケーション／チェック／マネージ／サポート
名詞	見える化、XX力（提案力、コミュニケーション力、学び力）
英語	ソリューション／バリュー／プロフェッショナル／ケイパビリティ／グローバル／ガバナンス

例：御社にとって最適なソリューションの導入をご支援します。
例：プロフェッショナルがバリューを提供します。

よくわからないことが多いのです。特に英語の動作を表す言葉は要注意です。「レビューする」と言っても、単に読めばいいと思っている人もいますし、一言一句訂正の赤字を入れることだと思っている人もいますし、品質管理に責任を負うと考える人もいるでしょう。業界やシーンが違えば、「商品の品評を書くこと」だったり、「復習すること」だったりします。英語だけではなく日本語の「協業します」や「善処します」なども、具体的には何をするのかがわからない言葉です。

また「バズワード」は注意を要する言葉です。バズワードとは、業界などの一定グループの間で喧伝されてはいるものの、その実態が明確ではない比較的新しい言葉のことです。「よくわからないけど、すごそうだ」というイメージを与える意味ではよいかもしれませんが、真の理解が得られるかは怪しいといえます。

例えば、「ロハス」なども曖昧な言葉の例でしょう。「ロハスな生活」を提唱しますと言われても、健康志向のことを言っているのか、エコのことを言っているのか、ナチュラルなファッションアイテムのことを

言っているのか、その捉え方は分かれるでしょう。特にIT業界はバズワードが非常に多く、マーケティング（ここでは「売るための仕掛け」という意味です）として活用しています。「みんなが使っているから」と踊らされずに、自身の言葉として使えるように選択しなくてはいけません。

　これらの言葉を絶対使ってはいけないということではありません。意味が曖昧な言葉を使う場合には定義づけをしておきましょうということです。今回の資料ではどういう意味で使うのかを自分で選び、そして定義するということです。「ソリューション」という言葉を使わずに提案書を作ることは、場合によっては難しいことですが、最初に「ここでいう『ソリューション』とは、〇〇という意味です」と明示しておけば、紛らわしさを回避することができます。

　さらに、グラフや表など統計データを使う場合、年度が古すぎないか、更新された情報がないかなどにも気を配る必要があります。ビジネスが加速している今、2年前のものでも「古い」と感じられてしまうこともありますし、あまりに多用されすぎて新鮮さや本来意味していたことが薄れてしまう言葉もあります。例えば「プロフェッショナル」という言葉は色々な業界やシーンで使われたために手垢がついた感のある言葉になりつつあります。一時「リーマンショック以降」というフレーズが枕詞のように使われましたが、これもさすがにもう古びた感があります。

具体と抽象のバランスをとる

　情報の質を高める第2のポイントは、具体と抽象のバランスをとることです。先ほどバズワードに注意しなければならないことをお話ししましたが、「相当な」や「非常に」といった形容詞や副詞を使うより、「平均は1日だが3日以上」や「東京ドーム〇個分」と数値を入れて具体化したほうが、イメージがわきやすくなります。

　ありがちなフレーズですが「最適なソリューションをご提供します」。これはNGです。最適とはどういう状態なのかというバリューを定義で

きていません。「依頼を受けてから最短〇日間で」や「90％のお客様が30％の経費削減に成功する」といったように、具体性を持たせたほうがわかりやすくインパクトもあってよいでしょう。ここまで書けないということであれば、逆にバリューや競争優位性がないのかもしれないので、素材そのものを吟味する必要がでてきます。

　そうはいっても、具体的に書き続けると、それもまたしつこくなってしまいますから、一言で言い表せるものは抽象度を高めて一言で表現しましょう。さらに高度ではありますが、わかっているけれども何とも言い表しがたい状態を抽象度を高めて新しく定義づけする、ということも感動をもたらすレベルの資料では必要になってきます。

　特にインパクトを与えたい箇所やバリューを強調したい箇所は具体的に、逆にコンセンサスがすでに取れている手続き的な箇所や皆が状態はわかっているけれど表現できない箇所は抽象的に、とやや難しいところではありますが、具体と抽象を使い分けるようにしましょう。

タイトル・見出しと内容の食い違いをなくす

　情報の質を高める第3のポイントは、タイトルと内容の食い違いをなくすことです。当然のことと思われるかもしれませんが、タイトルと内容が異なっているために無用な混乱を招いてしまっているケースというのもあるのです。

　例えば、タイトルには「〇〇プロジェクトの成果」と書いておきながら、一向に成果が書かれていないケース。「成果」であれば、普通は「〇％削減」「〇％売上アップ」という内容であるべきでしょう。ところが、ひたすら行った取組みだけが報告されている。聴くほうは頭に「成果」の器を用意して待っているので「何を言っているんだろう、わかりにくい」と感じてしまいます。資料を作る側には、プロジェクトに対する思い入れがありますから、「成果」と言ってもやはり自分が行った取組みを言いたくなる気持ちはわからないでもないですが、それは自分が言いたいことであって相手が聞きたいことではありません。

また、「特徴」とタイトルをつけながら凡庸なことが並べられており、全く特徴になっていないといったケースもよく見かけます。

「情報の質を高めること」＝「提案する内容を高めること」

　以上、お話ししてきました情報の質を高めるための３つのポイントは、すなわち提案や主張したい内容をどれだけ高めるかという話に通じます。

　先ほどお話ししたように、「特徴」とタイトルをつけていながら特徴が挙げられていなかったら、いかに頑張って資料の見栄えをよくしても、わかりやすい資料とは言えません。「成果」の例もしかりです。

　ここをきっちり押さえていなければ、その後のビジュアル化で何をやろうがはっきり言って無駄な時間を費やして、無駄な紙を排出しているだけです。時にはメッセージの「AだからB」の「Aだから」自体が間違っていることもあります。

　このあたりは、突き詰めるとロジカルシンキングに行きつきますから、資料作成の範疇でどれだけさかのぼるべきかは難しいところですが、情報の質があってこそのビジュアル化だという点は理解しておく必要があるでしょう。そこを飛び越してプロフェッショナルな資料を作ることはできません。資料を作成するプロセスを通じて、情報や主張の質が高まることはありますが、本来は資料作成に取り掛かる前段階の問題なのです。

02

[Step5 ビジュアル化]
情報の量を適切にする

スライドがわかりにくい一番の原因は情報量

　わかりやすい資料を作る「ビジュアル化」の技術、2つ目は、「情報の量を適切にする」です。
　最近は特に情報過多の時代ですから、盛り込みすぎて削り切れていないがゆえに本質が見えなくなっている資料が目立ちます。
　削るということは、重要なものとそうでないものを仕分けることであり、仕分けるためにはより深く考える必要があります。情報の量が多すぎたり、逆に少なすぎたりしては、その後の加工もうまくいきません。

図27 **情報を適切な量にするには**

まずは減らす
重複語、修飾語、冗長な語尾を削除
文章 → 箇条書き → キーワード → チャート
数値 → 表・グラフ

因数分解する
繰り返し出てくるワードを外に出す
ab+ac+ad=a(b+c+d)

量を制限する
フォントサイズや記載スペースをあらかじめ決める

では、どのようにして情報を適切な量にしたらよいのでしょう。その方法を見ていきましょう。

情報の量を適切にする①まずは減らす

まずは、とにかく情報——情報といっても本質的ではない文字の数——を減らす努力することです。例えば、重複語や修飾語、冗長な語尾はなるべく削除します。また、文章であれば箇条書きにできるものは箇条書きにします。それをさらにキーワードレベルまで抜き出し、最終的に図解できるところは図解にします。

数値であれば、表やグラフにできるものは、表やグラフに加工しましょう。特に、数字の表や文字ばかりが書かれている表は情報量が多く見づらいので、なるべくグラフ化したり、項目の切り出しや表現方法を変えるなど、文字量を減らすよう努めます。詳しくは後ほどご紹介します。

情報の量を適切にする②因数分解する

情報量を適切にするテクニックの1つに、「因数分解」があります。「因数分解」とは、数学の「$ab+ac+ad = a(b+c+d)$」の要領と同じで、文書の中で繰り返しでてくる言葉を外に出して、ラベル化していくことです。

図28、図29をご覧ください。これは、顧客に「ウェブサービスについてこのようなステップで発展させていきましょう」と提案しているロードマップチャートです。図28が因数分解していない【Before】、図29が因数分解して整理した【After】です。

ぱっと見て、図28は、たくさんの情報量があり、読み込まないと何が書いてあるかわかりません。図29は、因数分解した結果、情報量が少なくなり、文字も大きくなり直感的にもわかりやすくなっています。

ロードマップの概要は、レベル1では、現状として自社視点でサービスを作っており、自社の商品構成に基づいたウェブページとなっている

図28 情報が多すぎるスライド【Before】

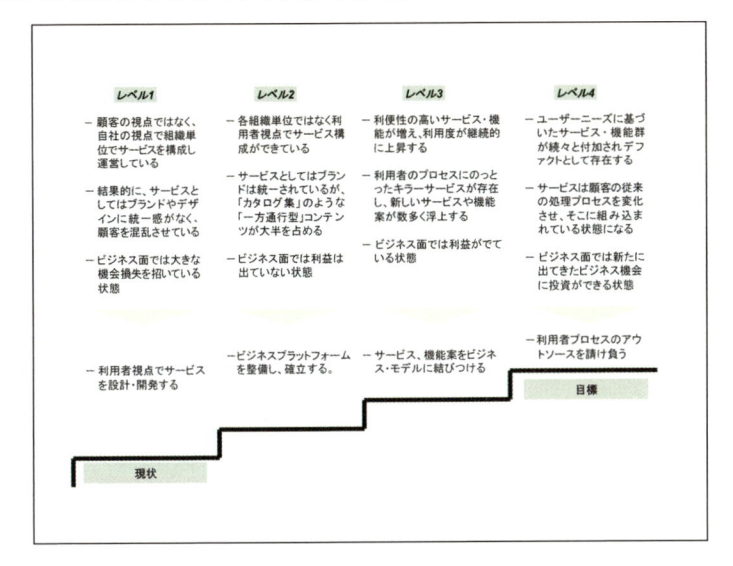

レベル1
- 顧客の視点ではなく、自社の視点で組織単位でサービスを構成し運営している
- 結果的に、サービスとしてはブランドやデザインに統一感がなく、顧客を混乱させている
- ビジネス面では大きな機会損失を招いている状態

レベル2
- 各組織単位ではなく利用者視点でサービス構成ができている
- サービスとしてはブランドは統一されているが、「カタログ集」のような「一方通行型」コンテンツが大半を占める
- ビジネス面では利益は出ていない状態

レベル3
- 利便性の高いサービス・機能が増え、利用度が継続的に上昇する
- 利用者のプロセスにのっとったキラーサービスが存在し、新しいサービスや機能案が数多く浮上する
- ビジネス面では利益がでている状態

レベル4
- ユーザーニーズに基づいたサービス・機能群が続々と付加されデファクトとして存在する
- サービスは顧客の従来の処理プロセスを変化させ、そこに組み込まれている状態になる
- ビジネス面では新たに出てきたビジネス機会に投資ができる状態

- 利用者視点でサービスを設計・開発する
- ビジネスプラットフォームを整備し、確立する。
- サービス、機能案をビジネス・モデルに結びつける
- 利用者プロセスのアウトソースを請け負う

現状 → 目標

図29 情報を因数分解したスライド【After】

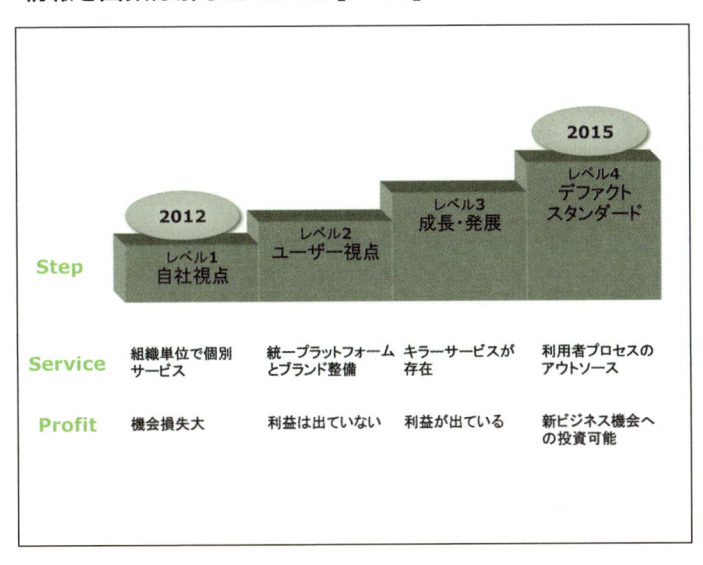

Step	レベル1 自社視点 (2012)	レベル2 ユーザー視点	レベル3 成長・発展	レベル4 デファクトスタンダード (2015)
Service	組織単位で個別サービス	統一プラットフォームとブランド整備	キラーサービスが存在	利用者プロセスのアウトソース
Profit	機会損失大	利益は出ていない	利益が出ている	新ビジネス機会への投資可能

ことが書かれています。それを、レベル2では、ユーザー視点で作りましょう、と提案しています。レベル3では、それがさらに成長・発展してプラットフォーム化して、1つのプラットフォームの下に様々なサービスが立ち上がっている状態をめざしましょう、レベル4では、ユーザーのニーズや購買プロセスの中に入り込んでデファクトスタンダードにしていきましょう、といった内容が提案されています。

　因数分解のプロセスは、以下のように行います。まず、図28【Before】に文章の塊がいくつかありますが、レベル1〜4までの一番上の文章には、「顧客の視点」について書かれている箇所があり、顧客やユーザーなど「視点」について書かれていることがわかります。

　2段目の文章では、レベル1〜4まですべて「サービス」という語句を含んでおり、サービスやブランドについて書かれています。3段目では、すべてに「ビジネス面」という語句が含まれ、ビジネスやプロフィットに関する情報だということがわかります。

　こうした考察に基づいて、各レベルで共通している部分を外に出して大きな括りを作り、それにタイトルを付けます。

　その結果「Service（サービス）」と「Profit（プロフィット）」の2軸でシンプルにまとめたものが、図29【After】です。レベル1〜4には、それぞれ「自社視点」「ユーザー視点」「成長・発展」「デファクトスタンダード」と、各段階のステップ名をつけました。

　頭に浮かんだ内容を思いつくまま書いていくと、おそらく図28のようになるでしょう。それを突き詰めて考えてみると、それぞれのレベルで、サービスとプロフィットについて説明すればよいということに気づくはずです。それによって相手の頭にも情報が整理された状態で入りやすくなりますし、「統一プラットフォーム」や「キラーサービス」といったこの資料の肝となる部分を際立たせることができ、口頭での説明もしやすくなります。

情報の量を適切にする③量を制限する

もうひとつの情報量を減らすテクニックは、量を制限することです。これは、フォントサイズや記載スペースをあらかじめ決めてしまい、その制限内に内容を収めることです。例えば、「文字の大きさは24ポイントでこのスペースに書ける量までしか書かない」と自分自身で決めてしまうのです。結果として、自動的にいらないものをそぎ落とす作業が行われ、情報がシェイプされます。

逆説的であり定型的な方法なので、一見すると本末転倒のように思われるかもしれませんが、要は限られたスペースの中でいかに本質を収めるかの創意と努力を意識的に行おうというものです。週刊誌なども、短い字数でわかりやすく、しかも人の心に訴えかけるタイトルや見出しを競っています。そこにもプロフェッショナルな技があります。

資料作成も同じ。情報量に制限をかけ、本質的要素を表現する訓練をやり続けると、言葉選びも磨かれ、同じ10文字でも意識しない場合と比べて、インパクトがあるジャストフィットしたフレーズを作ることができるようになります。

適正な情報量とは？

実際1枚のチャートにどの程度の情報量が適切なのかは、資料をどのように使うのかによっても異なります。

プレゼンテーションやセミナーのようにプロジェクターに映して話をする場合と、紙の資料として読む場合でも分かれますが、プロジェクターに映す場合は、フォント（文字）の大きさは16ポイント以上が必要です。16ポイント以下では後部席から見づらくなります。

フォントの大きさを決めると、自ずと字数も制限されます。見出しで20ポイント以上、本文で最小16ポイント以上が妥当でしょうから、本文の文字数は、大よそ2行で100文字以下となります。

紙で出すだけの場合は、12ポイントという小さい文字でも読めます

が、小さい文字にしすぎるとつい書きたくなってしまい、どうしても情報量が増えてしまいますから、最初からあまり小さい文字に設定しないほうがよいでしょう。具体化と抽象化のバランスをとりながら、見やすくわかりやすい資料を心がけてください。

コンサルティングの提言資料などの場合、資料に盛り込むべき情報量は、お客様の要望にもよります。場合によっては、読み物のように細かく書き込まれた分厚いレポートをよしとされることもあれば、文字はなるべく減らし図解を好まれることもあります。企業文化によっても異なりますから、このあたりも最初のプロファイリングの際に、情報を集めて推察しておくとよいでしょう。

加えて、資料を仕事のプロセスのどの段階に使うかによっても違ってきます。最初のざっくりした打合せに、細かく書き込んだものを持っていってもあまり意味がありません。

アイディアを想起させたい場では、ラフ案だけ作って、それにみんなで、ああだ、こうだと書き込んでいけるぐらいのほうが合っています。最初から細かいところまで書き込みすぎると、書いた部分の内容について理解することにエネルギーが向けられ、アイディア出しまでに余計な時間がかかってしまうといったこともあります。

考えが浅いほど文字量は多くなる

資料を作成する時、人はおしなべて書きたがりになります。結果として文字量が多くなってしまいます。きびしい言い方かもしれませんが、その背後には、たくさん書いた方が"仕事をした感"が得られ安心できるという心理があるのだと思います。

前述のとおり、情報を削って最小限にするためには、必要なところは何か、いかにわかりやすく伝えるかを考えなければなりません。かえって頭を使って考える必要があるのです。表やグラフ、チャートにする際には本質的要素を際立たせるために何をそぎ落として、何を強調するのかを考え抜かなければいけません。

浮かんだことをつれづれなるままに、というのは、エッセイなどではよいのでしょうが、ビジネスでは、書きだす前にしっかり思考するプロセスが不可欠です。何が重要なのか。何を伝えたいのか。どこを強調したいのか。そのためにどういう組み立てにして、どこは削除するのか、あるいは、まとめて抽象度を高くして書くのか。こうした点をしっかり考えてからパソコンでの作成作業を行うことです。それによって、実際の作業時間は非常に短くできますし、修正も少なくてすみます。

chapter 5

［意味がわかる資料の作成方法］
ビジュアルオブジェクトの
テクニック

01

[Step5 ビジュアル化]
表を加工する

「ビジュアルオブジェクト」と「ビジュアルエフェクト」

　ここまで【Step 5】「ビジュアル化」の技術のうち、「①情報の質を高めること」「②情報の量を適切にすること」について、お話ししてきました。これらは、いわば、適切に情報を加工するための前段階にあたります。
　いよいよここから、情報の具体的なビジュアル化技術に入っていきましょう。
　ビジュアル化の構成要素は、ビジュアルオブジェクトと、ビジュアルエフェクトに分けられます。
　ビジュアルオブジェクトとはメッセージを表現するもので、ビジネスでは、表とグラフとチャートに大別できます。
　ビジュアルエフェクトとは、メッセージを理解しやすくするための効果的な手段で、カラーリング、イラスト、アニメーションに分けることができます。
　このビジュアルオブジェクトとビジュアルエフェクトの技術がともに揃ってこそ、最終的に資料のビジュアル化に成功したと言えます。
　それでは、「ビジュアル化」の3つ目、「情報を適切に加工する」方法を具体的に見ていきましょう。まずは、表の加工についてです。

図30 ビジュアルの構成要素

ビジュアルオブジェクト

メッセージを
表現するもの

1 表
2 グラフ
3 チャート

ビジュアルエフェクト

メッセージを
理解しやすくするための
効果的な手段

Ⅰ カラーリング
Ⅱ イラスト
Ⅲ アニメーション

↓

ビジュアルオブジェクトの加工テクニック

表	セルに書かれる文字・数値を減らす 着眼点を明示する
グラフ	スケール、目盛り線などを変える 違いを際立たせる
チャート	標準チャートを徹底的に利用する 比喩やキーワードを抽出し、 位置づけを明確にする

表の改善ビフォー&アフター

では、まず表の加工テクニックから、見ていきましょう。

みなさんは、日頃の資料作成でどのように表を作っておられるでしょうか。日頃よく見かける表で気になる点は、1つのセルに文字や数字をたくさん書きすぎていて見づらいことと、情報がありすぎて表のいったいどこを見たらいいかわからないということです。この2つを改善してセルに書かれる文字や数値を減らし、着眼点を明示することを意識するだけでも、表は見違えるように見やすくなります。

具体的な例で見ていきましょう。図31、図32をご覧ください。いずれも同じテーマ「インターネット閲覧制御ソフトニーズ調査」について表を作ったものです。図31【Before】が修正前、図32【After】が修正後のものです。

上部には、「インターネットの有害性に対して、約90%の親が……」と両方同じメッセージがあり、使用されている元のデータも同じ。違い

図31 インターネット閲覧制御ソフトニーズ調査【Before】

インターネットの有害性に対して、約90%の親が何らかの対応を行っており、特に低学年の子供を持つ親はその危険性を強く感じている。しかし、制御ソフトの使用率は依然低く、浸透しておらず、閲覧制御ソフト販売には、潜在的なニーズがある。

	0〜3歳	4〜6歳	小学校 低学年 (1〜3年生)	小学校 高学年 (4〜6年生)	中学生	高校生
子供にインターネットを使う際に気をつけなければならないことを教えている	3.6%	8.2%	65.6%	46.7%	45.8%	50.3%
有害情報(ポルノ、ギャンブル等)の遮断ソフトを使用している	1.7%	2.0%	10.1%	9.9%	6.6%	7.8%
子供がインターネットを使う時は傍についている	10.4%	51.5%	47.2%	30.1%	20.3%	5.5%
特に制限はしていない	7.6%	9.3%	8.8%	9.8%	9.2%	8.3%
子供専用サイト(キッズgoo等)からだけ利用するようにしている	3.3%	14.8%	27.5%	19.2%	8.2%	2.1%
子供にはインターネットや電子メールを使わせない	16.6%	32.7%	37.2%	8.9%	5.5%	1.2%

があるのは、表の加工の仕方だけです。

改善のポイント

【Before】から【After】への改善点は、以下のとおりです。

1. 項目切り出し

　まず、【Before】では、縦軸のセルの項目が文章になっており、何についてデータを出しているのか読まなければわかりません。また、それぞれの調査項目の関連性も一見してわかりにくいです。

　そこで、【After】では、項目の切り出し方について、まず、「子供のインターネット活用に対して何らかの対応をしているかどうか」を「対応あり」「対応なし」でまず大きく分類をして、並び替えています。それから、ぱっと見て評価項目がわかるように、文章を短く簡潔にしています。

図32 **インターネット閲覧制御ソフトニーズ調査【After】**

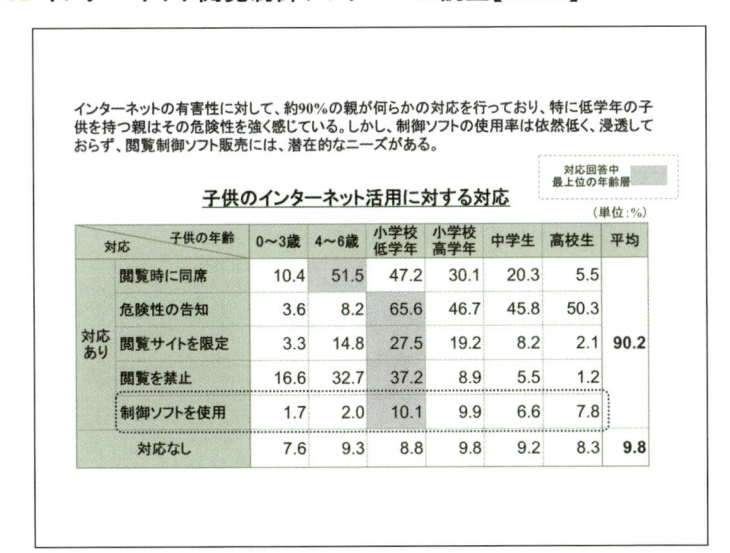

インターネットの有害性に対して、約90%の親が何らかの対応を行っており、特に低学年の子供を持つ親はその危険性を強く感じている。しかし、制御ソフトの使用率は依然低く、浸透しておらず、閲覧制御ソフト販売には、潜在的なニーズがある。

子供のインターネット活用に対する対応

（単位:%）

対応	子供の年齢	0〜3歳	4〜6歳	小学校低学年	小学校高学年	中学生	高校生	平均
対応あり	閲覧時に同席	10.4	51.5	47.2	30.1	20.3	5.5	
	危険性の告知	3.6	8.2	65.6	46.7	45.8	50.3	
	閲覧サイトを限定	3.3	14.8	27.5	19.2	8.2	2.1	90.2
	閲覧を禁止	16.6	32.7	37.2	8.9	5.5	1.2	
	制御ソフトを使用	1.7	2.0	10.1	9.9	6.6	7.8	
対応なし		7.6	9.3	8.8	9.8	9.2	8.3	9.8

対応回答中　最上位の年齢層

2. セル表記

【Before】では、表の数値が見づらいので、【After】では、表内の数値が見やすくなるよう、数値のフォントを大きくして、右揃えにしました。また、セル内の文字は太字に、数字のフォントはArial体にしています。改善前のセル内の数値はどれも％表記されていますが、これも見づらいですから、表の外に（単位：％）と出し、表の中は数値のみにしています。

3. 強調

伝えたいのは、表の上に書かれたメッセージです。しかし【Before】では、そのメッセージと表との関連性がわかりにくいです。そこで【After】では、表とメッセージを連動させ、表のどこを見ればメッセージの内容が書いてあるのかがわかるように強調しました。

まず、メッセージに「インターネットの有害性に対して、約90％の親が何らかの対応を行っており」と書かれていますが、【Before】には根拠となる数値はなく、それがどこから出てきたのか説明できません。そこで、【After】では、メッセージの根拠となる、「（何らかの）対応あり」の平均値「90.2」％を加えました。これによって、「ほとんどの親が対応している」＝「関心・ニーズがある」とスムーズに展開できます。

また、【After】では、それぞれの対応策の最上位の年齢層のセルの領域を塗りつぶして、目立たせています。これは、「特に低学年の子供を持つ親はその危険性を強く感じている」というメッセージの根拠となる部分です。

さらに、「対応あり」のうち「制御ソフトを使用」と回答しているセルは点線で囲みました。対応策の中で制御ソフトの利用率が低い点にフォーカスさせ、ここが無開拓地帯で潜在ニーズがあるという話につなげるためです。

4. 罫線

【Before】は、罫線が太すぎて数値より目立つので、【After】では罫線

の太さをすべて細くしています。また、枠線と区切り線は実線に、セルの区切りは点線にと使い分けています。

5. 文字

　項目を太字にして、フォントを大きく、見やすくしました。また、【Before】には、表のタイトルがありませんでしたから、【After】ではタイトルをつけました。

表の作成ステップ

　以上、【Before】と改善後の【After】を比較しながら、表の加工のポイントについて説明してきましたが、いかがでしょうか。

　実際には、表はエクセルで思いつくまま作ってそれを貼りつけておしまい、というケースがほとんどだと思います。だからこそ、少し意識して表を作ることで、資料全体の印象が大きく変わってきます。

　改めて表の作り方をみてみましょう（図33）。ここからは表の作成に

図33 **表の作成ステップ**

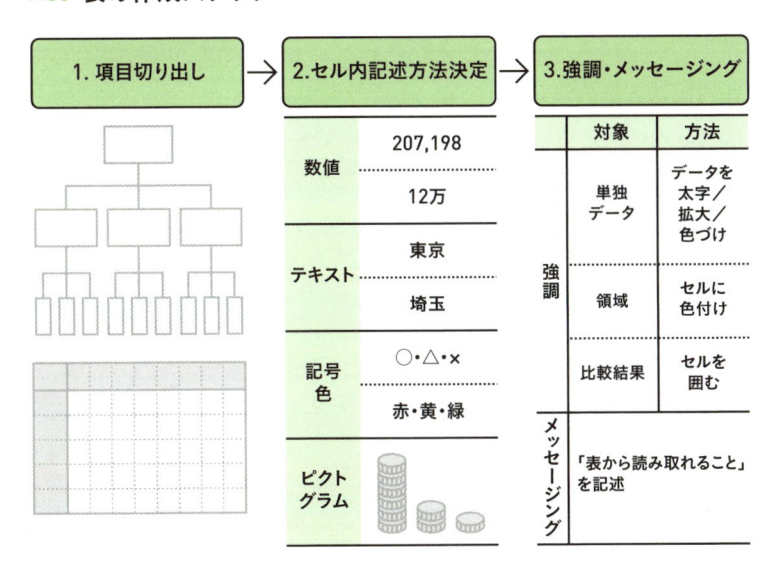

ついて、ステップを追って確認していきます。

1. 項目切り出し

　まずは、縦軸や横軸になる項目を切り出します。特に項目数が多い場合は図34のように評価事項、評価項目をロジカルに体系的に組み立て、それから項目を切り出すところからスタートする必要があります。例示（図35）はリサーチに使うWebサイトを評価するための表の項目を切り出した例です。

　項目をどう切り出すかは、わかりにくいところではありますが、とても重要です。

　図36をご覧ください。切り出し方が粗すぎると、項目内に長い文が入ってきたり、複数の比較情報が混在したりして、表がわかりにくくなります。こうならないためには情報の因数分解をして、共通項を表の項目として切り出します。

　また細かく切り出しても、評価項目のレベルや順序がバラバラでは、メッセージは理解しづらくなります。表を用いて伝えたいメッセージを伝えるのに最も適した項目の切り出し方を考えましょう。

2. セル内記述方法の決定

　次はセル内の記述方法を決めます。数値で表すのか、テキストなのか、それとも記号を使うのか、あるいはピクトグラムにするほうが効果的なのかを判断します。

3. 強調・メッセージング

「項目切り出し」と「セル内記述方法の決定」が終わったら、先ほど【Before】と【After】で修正したようなテクニックでメッセージをサポートする箇所を強調します。

　そして最終的にできあがった例が図37です。この作成例のように読

図34 項目切り出しテンプレート

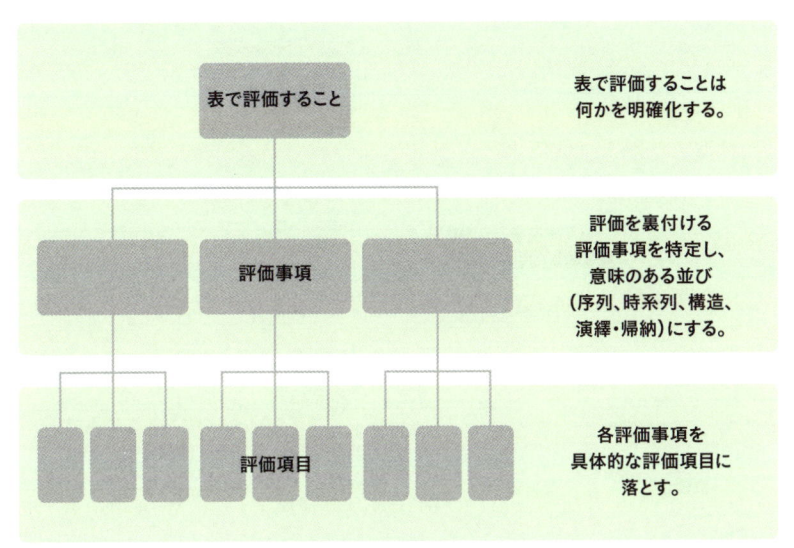

```
        ┌─────────────┐
        │ 表で評価すること │        表で評価することは
        └──────┬──────┘        何かを明確化する。
   ┌───────────┼───────────┐
┌──┴──┐    ┌──┴──┐    ┌──┴──┐   評価を裏付ける
│     │    │評価事項│    │     │   評価事項を特定し、
└──┬──┘    └──┬──┘    └──┬──┘   意味のある並び
                                   （序列、時系列、構造、
                                   演繹・帰納）にする。
 ┌─┴─┐    ┌──┴──┐    ┌─┴─┐
┌┴┐┌┴┐  │評価項目│   ┌┴┐┌┴┐   各評価事項を
│ ││ │  └─────┘   │ ││ │   具体的な評価項目に
└─┘└─┘              └─┘└─┘    落とす。
```

図35 項目切り出しテンプレートの記入例

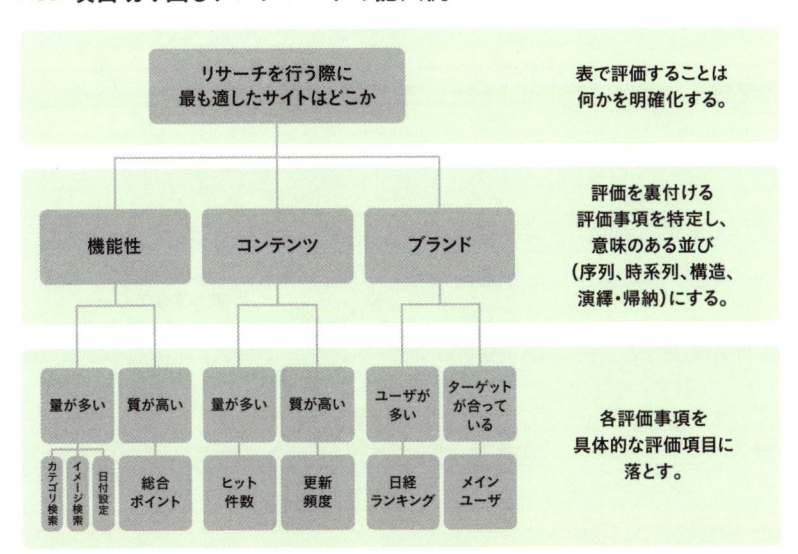

```
        ┌───────────────────┐
        │ リサーチを行う際に    │        表で評価することは
        │ 最も適したサイトはどこか │        何かを明確化する。
        └──────────┬────────┘
   ┌───────────────┼───────────────┐
┌──┴──┐        ┌──┴──┐        ┌──┴──┐   評価を裏付ける
│機能性 │        │コンテンツ│        │ブランド│   評価事項を特定し、
└──┬──┘        └──┬──┘        └──┬──┘   意味のある並び
                                              （序列、時系列、構造、
                                              演繹・帰納）にする。
  ┌─┴─┐         ┌─┴─┐         ┌─┴─┐
┌─┴┐┌┴─┐   ┌─┴┐┌┴─┐    ┌─┴┐┌┴──┐
│量が││質が│   │量が││質が│    │ユーザ││ターゲット│
│多い││高い│   │多い││高い│    │が   ││が合って │
└─┬┘└─┬┘   └─┬┘└─┬┘    │多い ││いる   │   各評価事項を
┌┴┐┌┴┐┌─┴┐ ┌┴┐ ┌┴┐    └─┬┘└──┬┘   具体的な評価項目に
│カ││イ││日││総│ │ヒ│ │更│  ┌┴─┐ ┌─┴┐   落とす。
│テ││メ││付││合│ │ッ│ │新│  │日経│ │メイン│
│ゴ││ー││設││ポ│ │ト│ │頻│  │ランキ│ │ユーザ│
│リ││ジ││定││イ│ │件│ │度│  │ング │ └──┘
│検││検││ │ │ン│ │数│ │ │  └──┘
│索││索││ │ │ト│ │ │ │ │
└─┘└─┘└─┘└─┘ └─┘ └─┘
```

図36 **項目切り出しの悪い例**

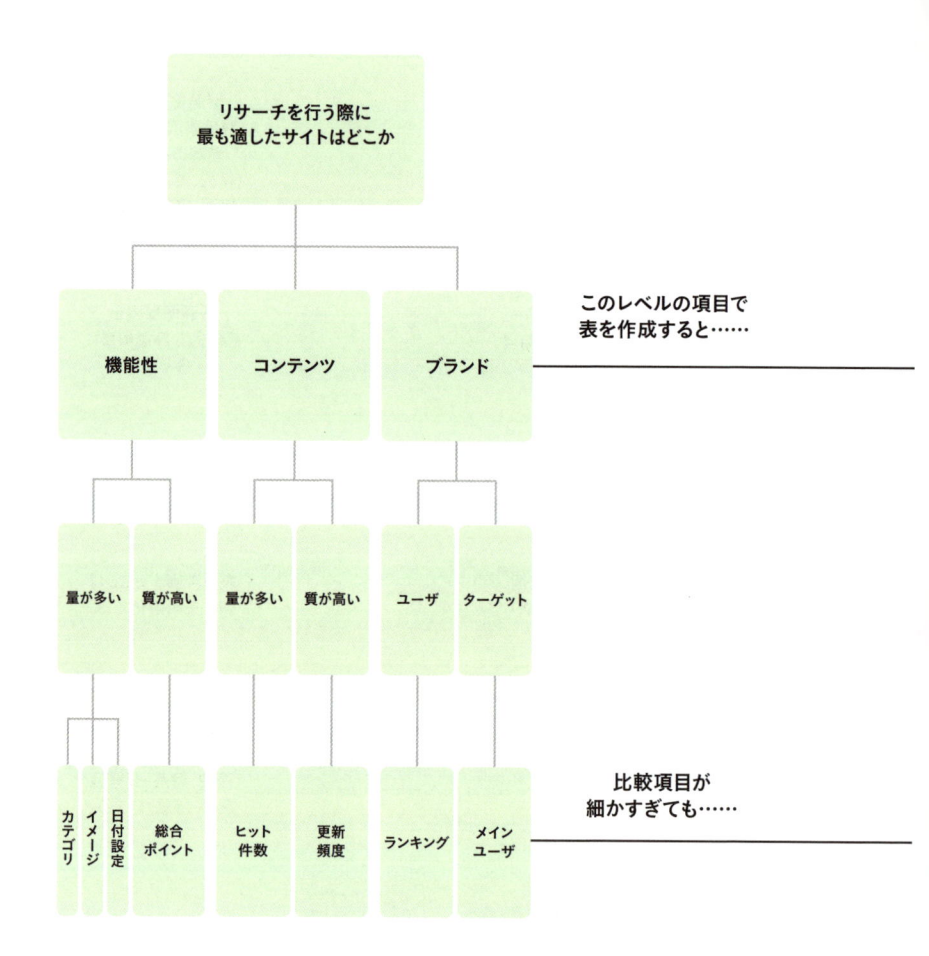

```
                リサーチを行う際に
                最も適したサイトはどこか
                          │
        ┌─────────────────┼─────────────────┐
      機能性            コンテンツ          ブランド
        │                 │                 │
    ┌───┴───┐         ┌───┴───┐         ┌───┴───┐
  量が多い 質が高い   量が多い 質が高い   ユーザ  ターゲット
    │                                       
  ┌─┼─┐                                    
カテゴリ イメージ 日付設定  総合    ヒット  更新   ランキング メイン
                        ポイント  件数   頻度              ユーザ
```

このレベルの項目で
表を作成すると……

比較項目が
細かすぎても……

評価項目の詳細レベルが粗い

	機能性	コンテンツ	ブランド
A	機能の質は高いが、量は少ない。	……	……
B	カテゴリ検索と日付指定の機能があるが、それらは非常に質が悪く、それ以外の……	……	……

→ **1つのセルに複数の評価情報が混在**

評価項目のレベル・順序がバラバラ

	機能の質ポイント	ランキング	メインユーザ	コンテンツ
A	9pts	1位	ビジネスマン	ヒット28件で更新2回／日
B	6pts	5位	学生	ヒット45件で更新3回／日

→ **比較はできるがメッセージが理解できない**

図37 **表の作成例**

リサーチを行う際には機能性が高く、ビジネスマンを主要ユーザとしているサイトCが適している。

【例】検索サイト評価表

評価事項 サイト	機能性						コンテンツ				ブランド	総合評価
	カテゴリ検索	イメージ検索	日付指定	・・・	量	質 総合ポイント	ヒット件数	更新頻度	ランキング		メインユーザ	
A						8	28	2回/日	1		ビジネスマン	○
B						6	45	3回/週	5		学生	○
C						9	55	2回/日	2		ビジネスマン	◎
D						3	31	1回/週	10		フリーター	△
E						1	44	2回/月	22		主婦	×

▨ : 機能カバー範囲

まずに一目で理解できるようなレベルまで仕上げられれば、表の作成は完璧といっていいでしょう。

図38 **表の加工のチェックリスト**

基本チェック

		Good	Bad
基本チェック	タイトル	・評価することがタイトルに表れている	・何を評価した表なのかがわからない ・タイトルが表記されていない
	罫線	・枠線は実線、セルの区分けは点線 ・色は原則グレー ・太さは原則1pts	・色が濃い、太さが太い等、表の内容より罫線が目立っている ・罫線の種類が揃っていない
	項目名	・一定の書式ルールに則っている ・一言で簡潔に書かれている ・項目名は中央揃え	・書式がバラバラで読みにくい ・読まないと何の項目なのかわからない
	セルの表記	・文字は左詰、数値は右詰、評価は中央	・セルから文字がはみ出ている ・書式がバラバラで精緻さがない
	配置	・適切なバランス・余白・視線の流れに則って表記されている	・表が大きすぎてタイトルや他のオブジェクトに重なっている
	メディアチェック	・印刷時やプロジェクター投影時に、文字や記号が明瞭に見える	・印刷すると文字や記号がつぶれている ・投影すると文字や記号が小さくて読めない

プロセスチェック

		Good	Bad
プロセスチェック	項目切り出し	・評価事項、評価項目が体系的に組み立てられている ・評価項目のレベルが揃っている	・評価項目の並びを見たときに評価のストーリーが見えない ・評価事項から具体性な評価項目が切り出せていない
	セル内記述方法決定	・評価項目に最も適した記述方法になっている ・評価情報の重複が省かれて、1つのセルに1つの評価情報が端的に表記されている	・一目でそれぞれの項目の可否判断ができない ・1つのセルに複数の評価情報が含まれている
	強調・メッセージング	・目的に合った強調方法がなされている ・最終的な結果が一目でわかる	・ポイントでないところに目が留まる ・内容を読み込まないと結果がわからない

02

[Step5 ビジュアル化]
グラフを加工する

グラフの改善ビフォー&アフター

続いて、グラフの加工についてご説明しましょう。グラフも、表と同じく、エクセルで作ったまま貼りつけておしまいというケースがよく見られます。

ここでも、具体例で修正前と修正後を比較して見ていくことで、注意点と改善のポイントをおさえましょう。図39、図40をご覧ください。図39【Before】が修正前のグラフ、図40【After】が改善を加えたものです。

図39 **グラフ【高齢化の今後の傾向】【Before】**

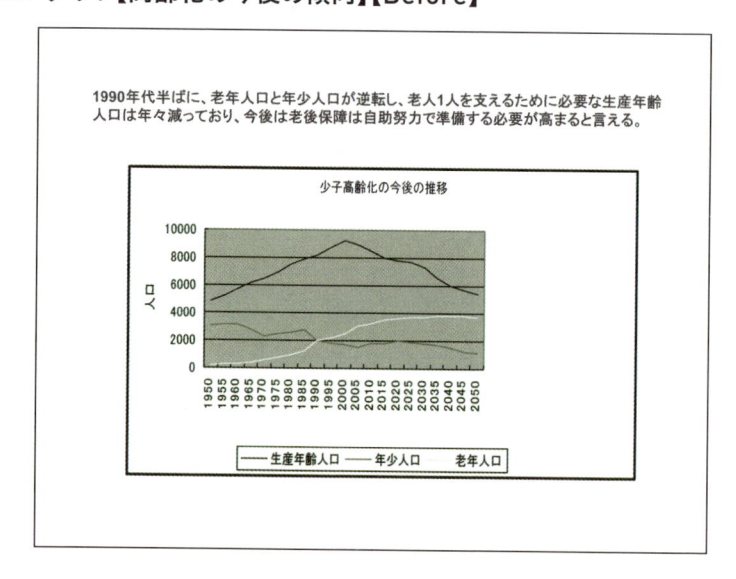

グラフもメッセージをサポートすることを意識して、スケールや目盛り線などを変えて簡略化して見やすくすることと、データの違いを際立たせることがポイントとなります。ではさっそく、ありがちな「見づらい例」「わかりにくい例」とその改善点を見ていくことにしましょう。

改善のポイント

　【Before】から【After】への改善点は、以下のとおりです。

1. 文字
　まず、文字が小さすぎて見づらいので、文字を太く大きくしています。

2. 単位
　基本的なミスですが【Before】には単位が抜けています。【After】では、縦軸と横軸に（万人）（年）といった単位を入れました。

図40　グラフ【高齢化の今後の傾向】【After】

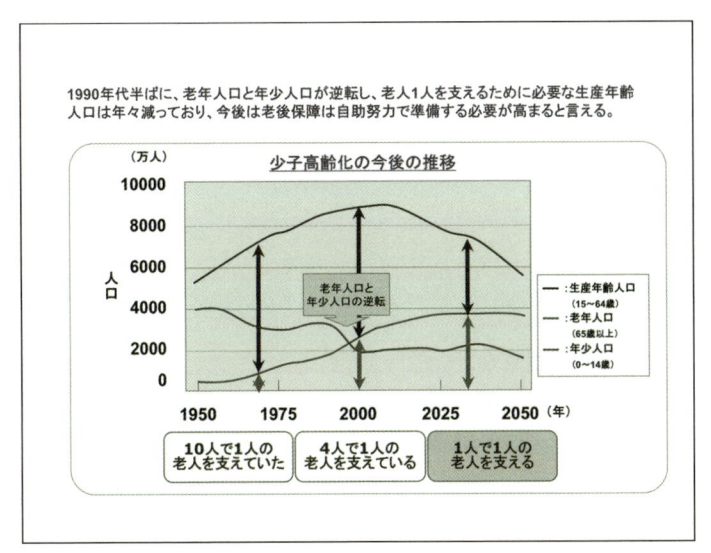

3. 文字方向
【Before】では、縦軸の「人口」の文字方向と横軸の年代の方向が横向きになっています。【After】では、縦に直して見やすくしました。基本的に縦軸は縦書き、横軸は横書きにします。

4. 凡例
【Before】では凡例がグラフの下部にあり、凡例を確認するたび視点を上下させる必要があります。【After】では視線の流れが自然で見やすくなるよう横軸の脇にレイアウトしました。
　また、グラフデータと照らし合わせやすくなるよう凡例も上からグラフデータの要素順に並べています。

5. データ
【Before】ではデータ線が細すぎます。【After】で見やすい太さにしました。

6. 目盛
　横軸の目盛は【Before】では5年ごとですが、細かすぎて見づらいので、【After】では25年ごとに粗くしています。またグラフ内の縦軸の目盛り線は、データ線のじゃまにならないよう実線から点線にしています。

7. 強調
　表の場合と同様、メッセージをサポートするよう、メッセージと関連性が高い箇所を強調します。
「1990年半ばより、老年人口と年少人口が逆転した」とのメッセージに対応して、老年人口と年少人口の交差点をポイントして目立たせています。また、「老人1人を支えるために必要な生産年齢人口の割合が年々減っており」という部分の根拠をわかりやすく示すため、グラフの

1970年、2000年、2030年の3ヵ所に両矢印を入れ、それぞれの年代に老人1人を何人の生産年齢人口で支えているのか、比較しやすくインパクトがわかりやすいようコメントを入れています。

　以上、【Before】と【After】を比較しながら、グラフの加工テクニックについて説明してきました。
　基本的には、重要な情報を際立たせるために余分な情報は削ること、メッセージをサポートする部分にはアクセントを加えることです。これによって、一目見て何を言いたいのかをわかりやすくすることがポイントになります。

円グラフの注意

　グラフの中でも特に使用上の注意が必要なのが、円グラフです。その注意すべきポイントを3つ、あげておきます。

1."何でも"円グラフ

　グラフの加工テクニック以前の話になりますが、人によっては、どんな情報であってもいつでも自分が使いなれたグラフしか使わない方がいます。しかし、グラフも適材適所で使わなければ、その効果は期待できません。実際にあったことなのですが、事業の年度推移を表したい資料で、年度ごとに円グラフを並べてられていたものを見たことがあります。年度推移を表したいのであれば円グラフよりも、棒グラフを用いてその差を比較しやすくするのが一般的でわかりやすいでしょう。

2."サーカスの玉乗り状態"円グラフ

　項目が多いと、円グラフは非常にカラフルなものになります。まるでサーカスの玉乗りが乗っている玉のように、目がチカチカする円グラフになります。こういった場合には項目をいくつか括って、大項目を外側に表記したり、大項目ごとに色をグラデーション使いにしたり、着目し

なくてよい比較項目をグレーにするなどの工夫をしないと、何を比較しているのかがわかりにくくなります。

3. "3D(立体)"円グラフ

　最近では３Ｄのグラフもめずらしくありませんが、３Ｄ（立体）円グラフも使い方には注意すべきです。円グラフは視覚的に面積の大小を捉えて内訳を比較するものなので、立体化すると、正確な面積が見えにくくなる場合があります。特に細かい項目が多い場合には立体は非常に見づらいので向いていません。

　何となくかっこよいからと３Ｄを使う、ということは避けたほうがよいでしょう。意味のない３Ｄが資料に出てくると逆に素人っぽく思われる危険性もあります。

グラフのテンプレート

　グラフ作成時のチェックリストが、右の図41です。きちんと相手に理解されるグラフであるか、セルフチェックに使ってください。

　また、伝えたいことをしっかり伝わるようにするためにはどのグラフを選ぶかも意識して選ぶ必要があります。図42にビジネスでよく使われるグラフのテンプレートを掲載しましたので、ご参照ください。

図41 グラフのチェックリスト

基本チェック

		Good	Bad
基本チェック	タイトル	・評価することがタイトルに表れている	・何を表したグラフなのかがわからない ・タイトルが表記されていない
	項目表記	・同じ表記レベルになっている ・縦軸は縦書き、横軸は横書き ・文字が読みやすい大きさ／太さ／濃さになっている	・文字方向が合っていない ・文字がグラフデータに重なっている ・文字が遠くから読めない（大きさ・太さ・濃さ）
	目盛	・棒グラフの基点はゼロ、折れ線グラフの場合にはデータに合わせて基点を変える ・適切な幅で設定されている	・目盛がなく数値が読み取れない ・幅が細かすぎてデータが読み取れない
	凡例	・データの要素順に並んでおり、データと照らし合わせやすい	・グラフデータから離れていて読み取りにくい ・グラフ内の凡例がデータに重なっている
	単位	・データに合った単位が軸の傍に表記されている	・単位が表記されておらず、数値が読み取れない
	メディアチェック	・印刷時やプロジェクター投影時に文字や記号が明瞭に見える	・印刷すると文字や記号がつぶれている ・投影すると文字や記号が小さくて読めない

プロセスチェック

		Good	Bad
プロセスチェック	対象選定	・グラフで何を表現したいのかが一言で言える	・グラフで表現する対象が明確化されていない
	数値選定	・差異を最も効果的に表現する数値が選定されている	・対象を表現する数値が明確化されていない
	グラフ目的決定	・グラフで表現したい目的（内訳、比較、……）が言える	・表現する目的が明確化されていない
	グラフタイプ決定	・目的（内訳、比較……）に合ったグラフタイプを使用している	・目的に関係なく、いつも同じ慣れ親しんだグラフタイプを使用している
	作成	・目的に合わせて軸方向や項目数、表記を加工している ・ファクトとメッセージが一目でわかる	・エクセルの基本グラフを加工せずにそのまま使用している ・ファクトとメッセージが一目ではわからない

図42 グラフのテンプレート

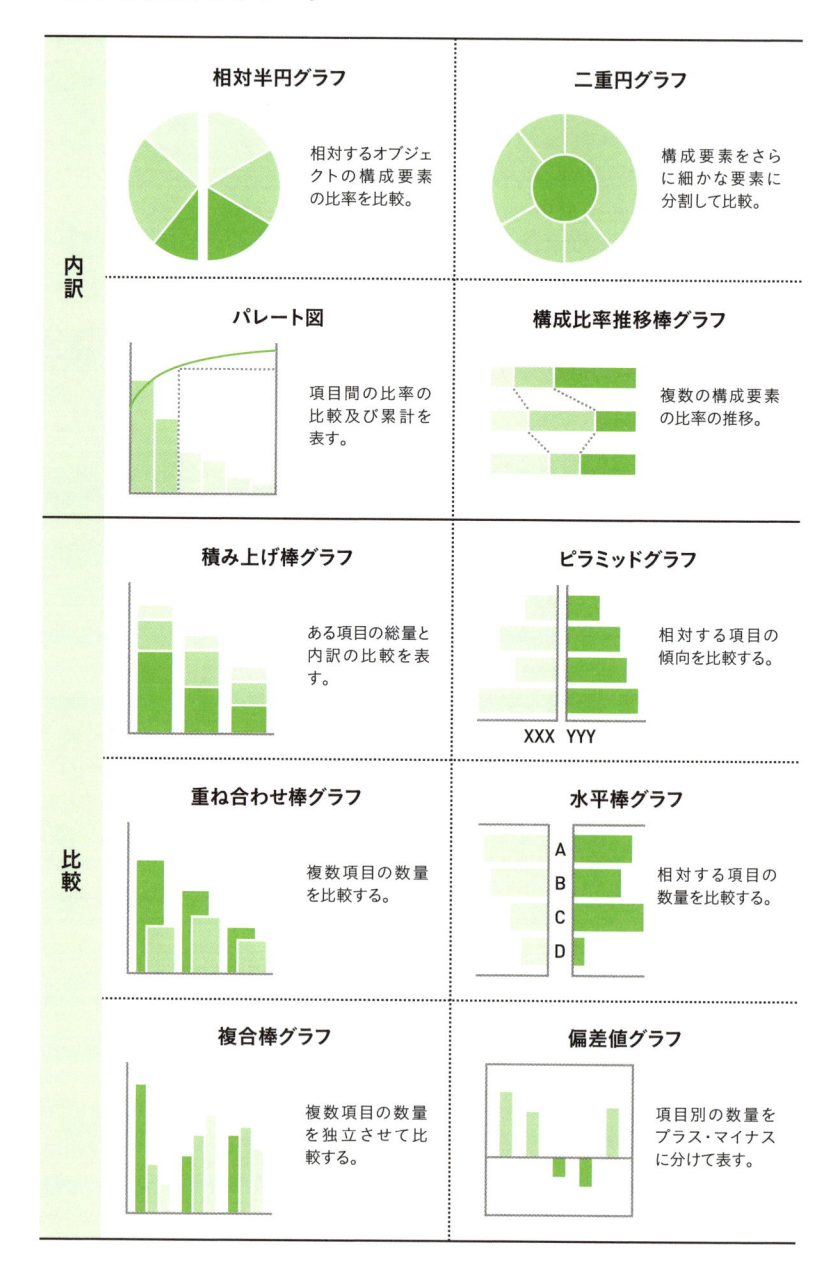

内訳

相対半円グラフ
相対するオブジェクトの構成要素の比率を比較。

二重円グラフ
構成要素をさらに細かな要素に分割して比較。

パレート図
項目間の比率の比較及び累計を表す。

構成比率推移棒グラフ
複数の構成要素の比率の推移。

比較

積み上げ棒グラフ
ある項目の総量と内訳の比較を表す。

ピラミッドグラフ
相対する項目の傾向を比較する。

重ね合わせ棒グラフ
複数項目の数量を比較する。

水平棒グラフ
相対する項目の数量を比較する。

複合棒グラフ
複数項目の数量を独立させて比較する。

偏差値グラフ
項目別の数量をプラス・マイナスに分けて表す。

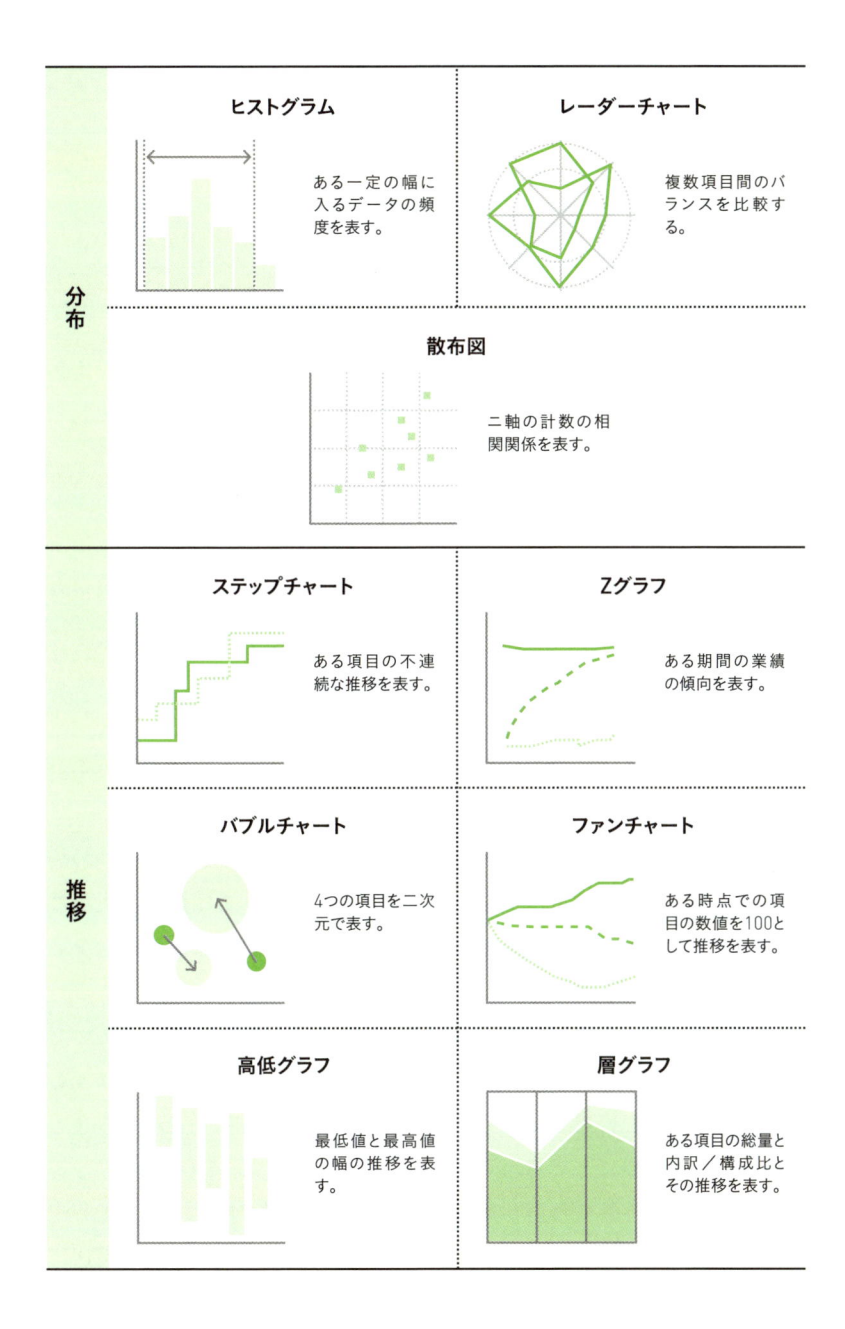

chapter 5 ［意味がわかる資料の作成方法］ビジュアルオブジェクトのテクニック

分布

ヒストグラム
ある一定の幅に入るデータの頻度を表す。

レーダーチャート
複数項目間のバランスを比較する。

散布図
二軸の計数の相関関係を表す。

推移

ステップチャート
ある項目の不連続な推移を表す。

Zグラフ
ある期間の業績の傾向を表す。

バブルチャート
4つの項目を二次元で表す。

ファンチャート
ある時点での項目の数値を100として推移を表す。

高低グラフ
最低値と最高値の幅の推移を表す。

層グラフ
ある項目の総量と内訳／構成比とその推移を表す。

03

[Step5 ビジュアル化]
チャートを加工する

ビジネス文書におけるチャートとは何か？

　表、グラフの次はチャートです。最初に「チャートとは何か」を定義づけしておきましょう。チャートとは、「コンセプトの要素を抽出して関係性を表現したもの」です。

　まず「コンセプトの要素を抽出」したものですから、単なるイラストや意味のない図形は、チャートにあたりません。

　また、要素が抽出されていたとしても「関係性を表現したもの」でなければ、チャートにはあたりません。箇条書きで3つの要素をピックアップしてもそれを単に並べただけならばチャートとはいえません。

　その3つを、例えば三角形で階層にして表現したり、あるいは左から右へ並べて矢印で手順を表したり、何らかの関係性を表現すると、それはチャートにあたります。

　チャートの種類には、基本チャートとオリジナルチャートの2つの種類があります。基本チャートとは、一般的にビジネスで使われる汎用性の高いチャートです。一方、オリジナルチャートとは、独自の概念を表す創造的なチャートです。

　基本チャートは、すでにビジネスの場でコンセンサスが得られていて一般的に用いられているもので、オリジナルチャートは、特有の状況を説明したり、新しいアイディアやコンセプトなどを自分で表現するなど、固有の目的のために、ゼロから作っていくものです。

　チャートは直感的に理解しやすいビジュアル表現であり、よいチャートは瞬時に相手に理解され、いつまでも記憶に残ります。情報を適切に

図43 **チャート**

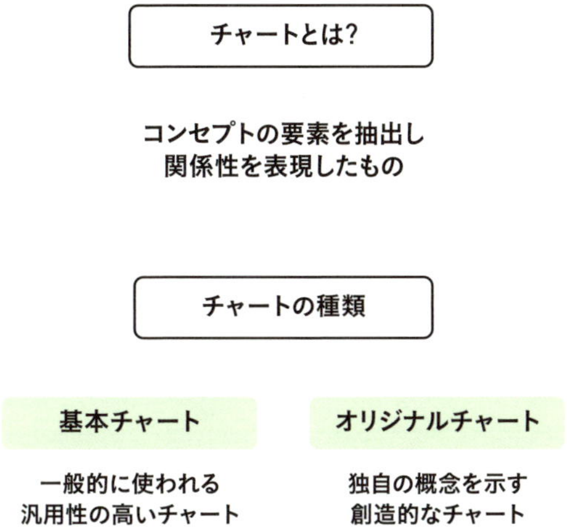

```
┌──────────────┐
│  チャートとは?  │
└──────────────┘

   コンセプトの要素を抽出し
   関係性を表現したもの

┌──────────────┐
│  チャートの種類 │
└──────────────┘

  ┌─────────┐         ┌──────────────┐
  │ 基本チャート │         │ オリジナルチャート │
  └─────────┘         └──────────────┘

   一般的に使われる         独自の概念を示す
   汎用性の高いチャート       創造的なチャート
```

チャートにできるスキルは、いろんな場面で活用できるので、しっかり身につけておきましょう。

基本チャートのテンプレート

　では、まず基本チャートの作り方から見ていきましょう。図44は基本チャートのテンプレート集です。これは、私が、ビジネスに一般的に使われているベーシックなものに、コンサルタントがよく用いるものを加えて編集したものです。

　まずは、この16の基本チャートを覚えておくとよいでしょう。

　チャートが表現するものは、大きく要素間の「相関」「流動」「構造」の３つの関係性に分かれます。そして、相関でも、「集合」を表すもの、「因果」を表すもの、「位置」を表すものに分けられます。さらに「集合」には、並列を表すもの、包含を表すもの、重複を表すもの、「因果」には、収束を示すもの、原因を可視化するためのものなど、それぞれ適した関係性を表すチャートがあります。

図44 **基本チャート**

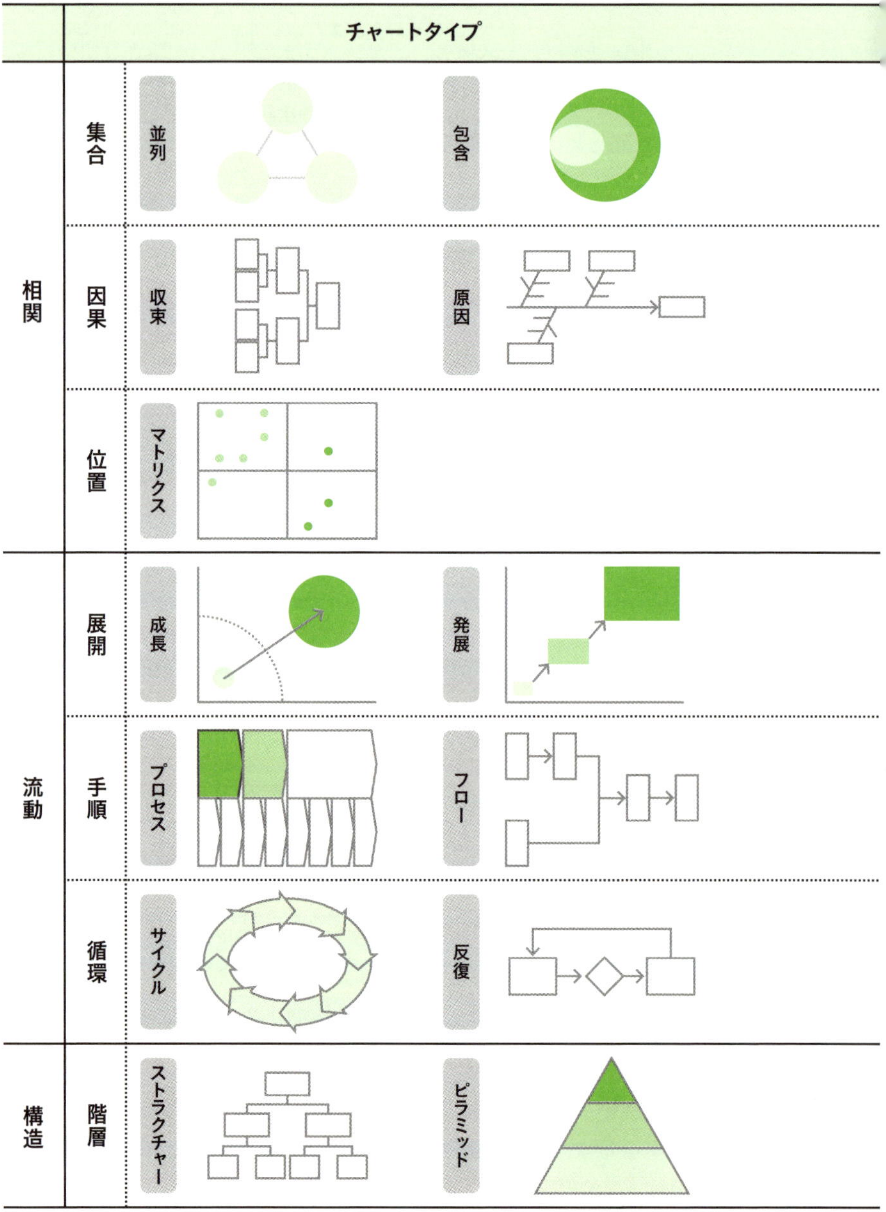

チャートタイプ					
相関	集合	並列		包含	
	因果	収束		原因	
	位置	マトリクス			
流動	展開	成長		発展	
	手順	プロセス		フロー	
	循環	サイクル		反復	
構造		階層	ストラクチャー		ピラミッド

	適用例
重複	●提携関係チャート ●事業展開チャート ●構成要素分解チャート
	●影響セグメント ●問題点特定チャート ●特性要因チャート
	●商品ブランドマッピング ●マーケットシェア分析図
	●To-Beモデル ●業務変革ステップ ●ビジネス拡大図
ガントチャート	●製造プロセス ●業務フロー ●マスタスケジュール
	●バリューチェーン ●システムプロセスマップ
レイヤー	●プロジェクト体制図 ●スキル階層概念図 ●社内インフラ概念図

chapter 5 ［意味がわかる資料の作成方法］ビジュアルオブジェクトのテクニック

例えば、多様な商品のブランドをマッピングする場合であれば「マトリクス」を用いる、商品サービスを提供する業務の流れを表すのであれば「プロセス」を用いるといった具合に、ある程度「型」のように定まったものがあります。よく使われ、パターン化しているものがあれば、基本チャートで表現した方が、相手も理解しやすいでしょう。

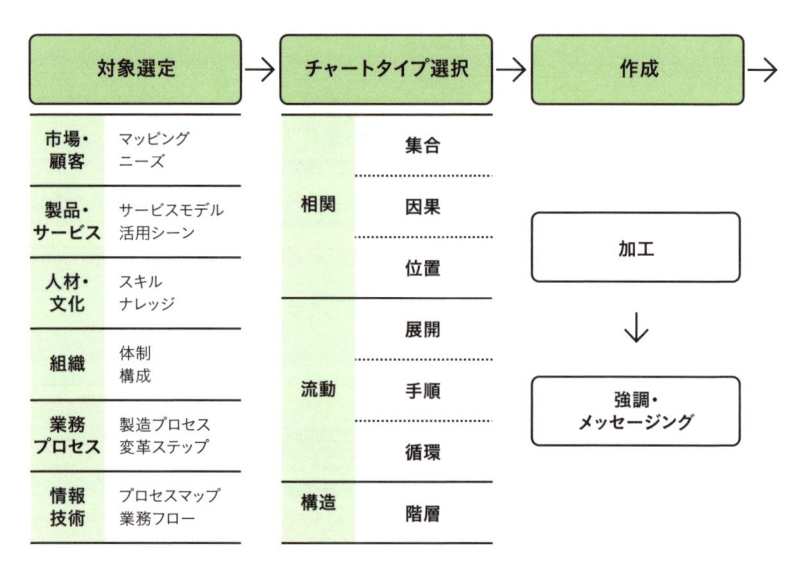

基本チャートの作り方

基本チャートの作成手順は、①何をチャートで表現したいのか対象を選定する、②チャートのタイプを選択する、③作成する、の3つのステップになります（図45）。

どのような対象のどのような要素をチャート化したいのかを決めたら、まずは、図44の基本チャートの中でベースとして使えるものがないか探してみるとよいでしょう。図46は、基本チャートを使って実際に作ったチャートの例です。

図45 基本チャートの作り方

対象選定		チャートタイプ選択		作成
市場・顧客	マッピング／ニーズ	相関	集合	
製品・サービス	サービスモデル／活用シーン		因果	加工
人材・文化	スキル／ナレッジ		位置	↓
組織	体制／構成	流動	展開	強調・メッセージング
業務プロセス	製造プロセス／変革ステップ		手順	
情報技術	プロセスマップ／業務フロー		循環	
		構造	階層	

図46 **基本チャートの作成例「現状分析の種類」**

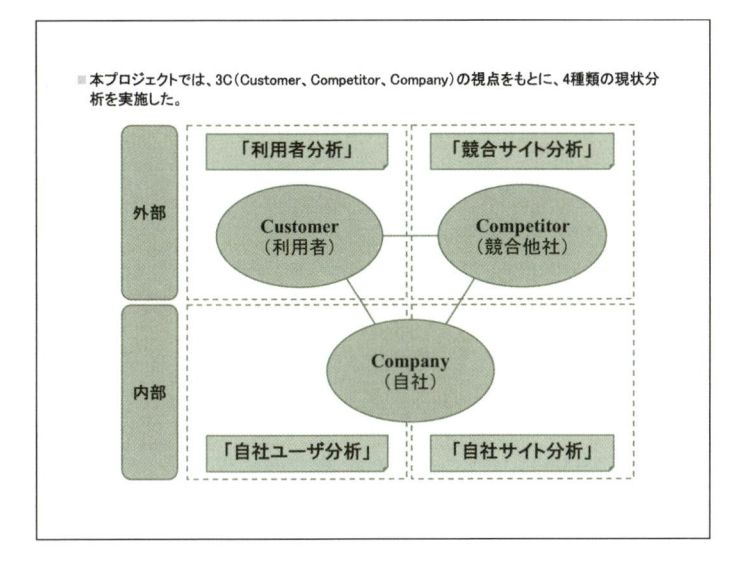

- 本プロジェクトでは、3C（Customer、Competitor、Company）の視点をもとに、4種類の現状分析を実施した。

外部
- 「利用者分析」 Customer（利用者）
- 「競合サイト分析」 Competitor（競合他社）

内部
- Company（自社）
- 「自社ユーザ分析」
- 「自社サイト分析」

基本チャートの作成例「業務の流れ」

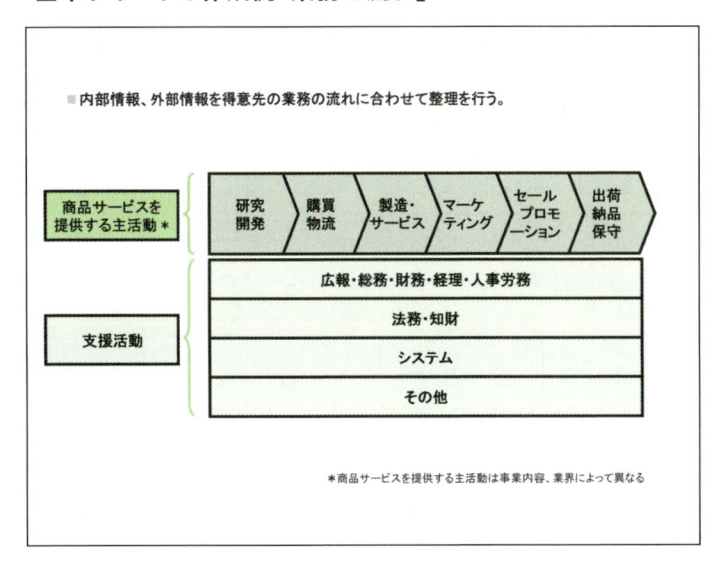

- 内部情報、外部情報を得意先の業務の流れに合わせて整理を行う。

商品サービスを提供する主活動＊
- 研究開発 → 購買物流 → 製造・サービス → マーケティング → セールプロモーション → 出荷納品保守

支援活動
- 広報・総務・財務・経理・人事労務
- 法務・知財
- システム
- その他

＊商品サービスを提供する主活動は事業内容、業界によって異なる

chapter 5 ［意味がわかる資料の作成方法］ビジュアルオブジェクトのテクニック

04

[Step5 ビジュアル化]
オリジナルチャートの作り方

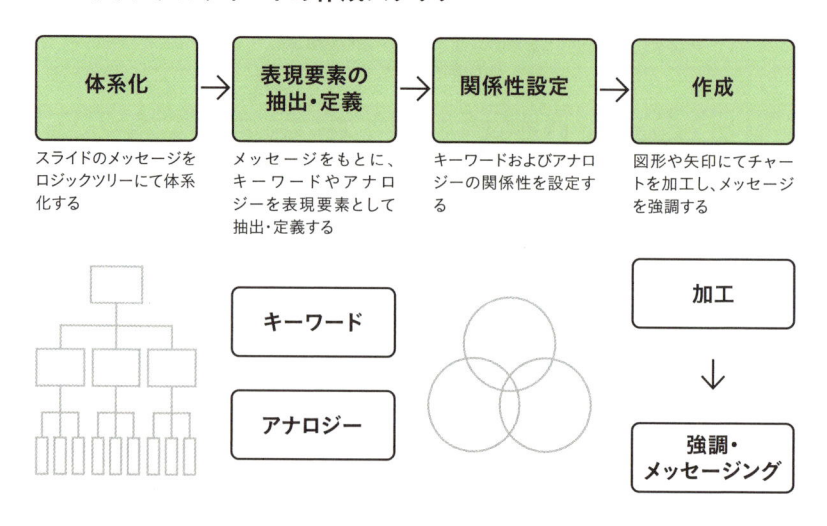

作成ステップ①「体系化」

　自分が表現したい関係性が基本チャートにない場合は、あるいは基本チャートが使えるかどうかわからない場合は、オリジナルチャートを作成します。作成手順は、基本的には、図47のように4つのステップになります。

　まず、第1ステップ「体系化」では、「メインメッセージは何？」「サブメッセージは？」「主要なキーワードは？」といった内容が明らかになるよう情報を体系化します。具体的には、図48、図49のように、ロ

図47 オリジナルチャートの作成ステップ

体系化	→	表現要素の抽出・定義	→	関係性設定	→	作成
スライドのメッセージをロジックツリーにて体系化する		メッセージをもとに、キーワードやアナロジーを表現要素として抽出・定義する		キーワードおよびアナロジーの関係性を設定する		図形や矢印にてチャートを加工し、メッセージを強調する

図48 作成ステップ①「体系化」

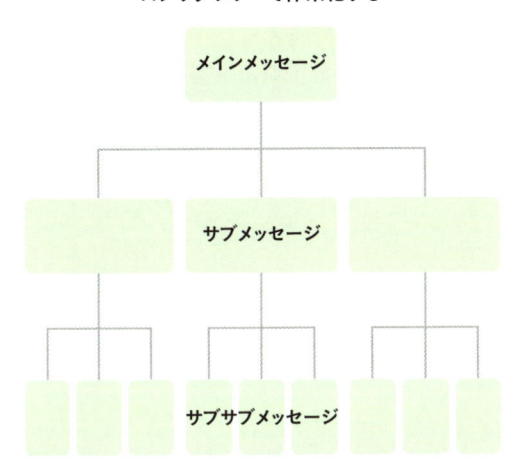

スライドのメインメッセージ、サブメッセージなどを、
ロジックツリーで体系化する

```
                    メインメッセージ
                          │
        ┌─────────────────┼─────────────────┐
        □           サブメッセージ            □
        │                 │                 │
      ┌─┼─┐           ┌───┼───┐         ┌───┼───┐
      □ □ □         □ サブサブメッセージ □   □   □
```

図49 「体系化」の例

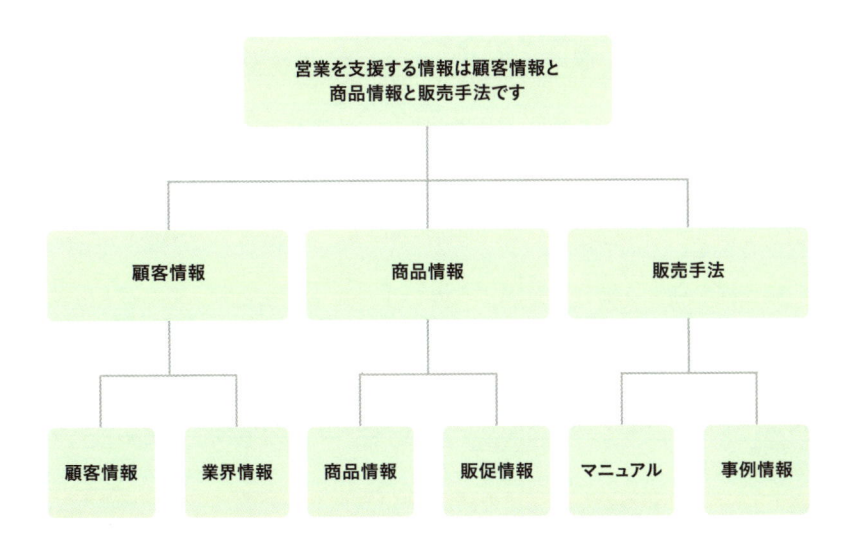

```
              営業を支援する情報は顧客情報と
                商品情報と販売手法です
                        │
          ┌─────────────┼─────────────┐
        顧客情報       商品情報       販売手法
          │             │             │
       ┌──┴──┐       ┌──┴──┐       ┌──┴──┐
     顧客情報 業界情報 商品情報 販促情報 マニュアル 事例情報
```

ジックツリーで体系化します。

作成ステップ②「表現要素の抽出・定義」

　体系化したメッセージをそのまま使ってチャートを作成してしまうと、長方形の中に長文が入ったり、手順の説明が文章になったりと見づらいチャートになってしまいます。そこで、なるべく簡潔に見やすく表現するため、第2ステップの「表現要素の抽出・定義」を行います。

　まず、「キーワード化」と呼んでいるのですが、メインメッセージ、サブメッセージをもとに、キーワードの抽出を行います。また、「アナロジー化」と言って、必要に応じて、キーワードを類似の特徴を持つ別の言葉で定義づけます。平たく言うと比喩を考えるということです（図50）。

　このあたりは、個人のセンスが問われるところでもありますが、そのメッセージを表現するのにぴったりのキーワードは何か、何に例えたらわかりやすくなるかを考え、なるべく短く易しい表現要素を抽出・定義するようにします。

作成ステップ③「関係性設定」

　キーワードやアナロジーで表現できたら、第3ステップの「関係性設定」を行います。例えば、キーワードはすべて同列なのか、あるいは何らかの序列があるのか、時系列ではどうなのか、いろんな角度から関係性を考えていくのです。

　関係性を考える場合、意識するのが「ユニット」です。ユニットとは、「意味のあるまとまり」のことです。このユニットがいくつになるのか、ユニットのパターンを洗い出します。ユニットを洗い出す作業はまさに構造化と同じです。覚えやすさやレベル感の統一が重要になりますから、階層化のところでもお話ししましたが、いわゆるマジックナンバーも考慮に入れる必要があります。

　図51の左側に、代表的なユニットの4パターンをあげてみました。

図50　作成ステップ②「表現要素の抽出・定義」

1. **キーワード化**
メインおよびサブメッセージをもとに、強調するキーワードを表現要素として抽出する

2. **アナロジー化**
必要に応じてキーワードを、類似の特徴を持つ別の言葉で表現要素として定義する

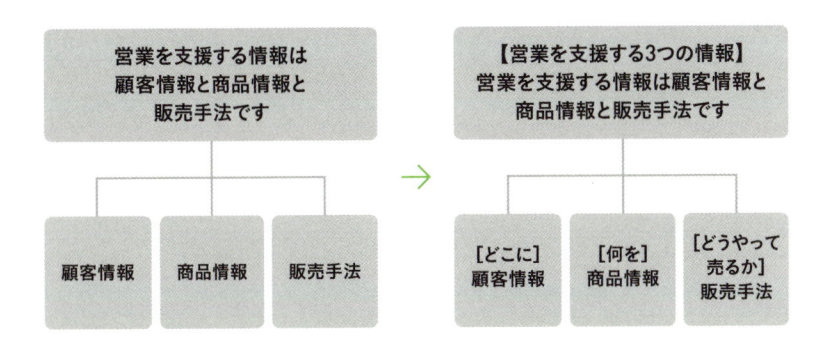

```
営業を支援する情報は            【営業を支援する3つの情報】
顧客情報と商品情報と      →    営業を支援する情報は顧客情報と
販売手法です                    商品情報と販売手法です

顧客情報  商品情報  販売手法     [どこに]    [何を]    [どうやって
                                顧客情報   商品情報    売るか]
                                                    販売手法
```

図51　作成ステップ③「関係性設定」

キーワードおよびアナロジーの構造を、ユニット（意味のあるまとまり）と
その関係性を用いて設定する

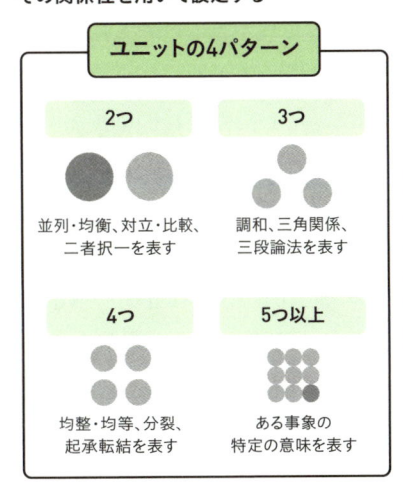

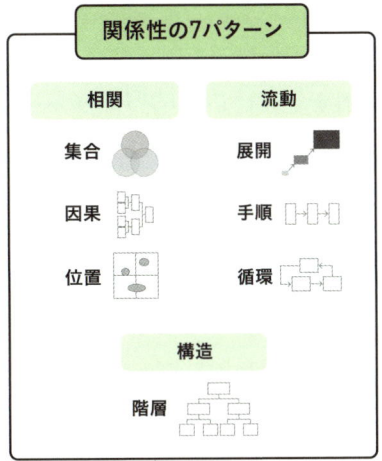

ユニットの4パターン

- 2つ：並列・均衡、対立・比較、二者択一を表す
- 3つ：調和、三角関係、三段論法を表す
- 4つ：均整・均等、分裂、起承転結を表す
- 5つ以上：ある事象の特定の意味を表す

関係性の7パターン

- 相関：集合、因果、位置
- 流動：展開、手順、循環
- 構造：階層

典型的なユニットは、2〜4つ。2つのユニットは、主に、並列・均衡、対立・比較、二者択一などを表します。3つは、調和や三角関係、三段論法などを表します。4つは、均整・均等、分裂、起承転結などを表します。
　5つ以上になるとわかりやすさという点ではやや厳しいのですが、例えば「5つのA」や「7つのS」といったようにある事象の固有の要素をオリジナルで定義づけする場合などに用います。この場合もせいぜい7つまでに抑えたいところです。8つ以上になると、いっぺんに理解しづらくなりますから、もう一度分類しなおして、大分類で括った方がいいでしょう。
　こうしてユニットのパターンを洗い出したら、関係性のパターンとしてどれを用いたら適切かを考えます。
　図51右側に関係性の7パターンをあげました。関係性のパターンも、大分類は、「相関」「流動」「構造」に分かれます。それがわかったら、さらに「集合」が適切なのか、「因果」なのか、「位置」なのかといった具合に、その関係を考えていきます。
　この段階で、基本チャートが使えそうだとわかれば、基本チャートを使うとよいでしょう。関係性が基本チャートに収まるものであれば基本チャートを使う、基本チャートでは表し切れないとわかったら改めて関係性を定義してオリジナルチャートを作る、といった流れになります。
　このあたりまでは手描きでやるべきです。パワーポイントを使っても、丸がいいか楕円がよいかなど本質的でないところで引っかかってしまいますから、まずはノートや紙上でいろいろ書いてみるとよいと思います。
　図52をご覧ください。2つのユニットとして「As-Is（現状）・To-Be（あるべき）」「外部分析・内部分析」「仮説・検証」「自由・統制」と4種類あげてありますが、この2つユニットの関係性をどのように図式化することができるでしょうか。同じく、図53の3つのユニット、図58の4つ以上のユニットではいかがでしょうか。これが正解というものはありません。どれだけのバリエーションが出せるかという点がポイント

図52 **関係性設定　2つのユニット**

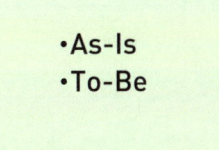

- As-Is
- To-Be

- 仮説
- 検証

- 外部分析
- 内部分析

- 自由
- 統制

図53 **関係性設定　3つのユニット**

- 売上
- 費用
- 利益

- 入荷
- 在庫
- 出荷

- SCM
- CRM
- HCS

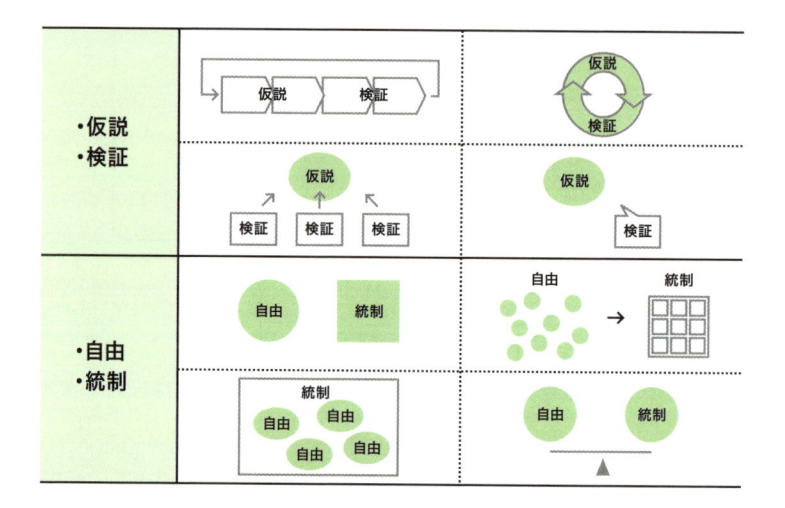

図54 関係性設定　2つのユニット（その1）　例

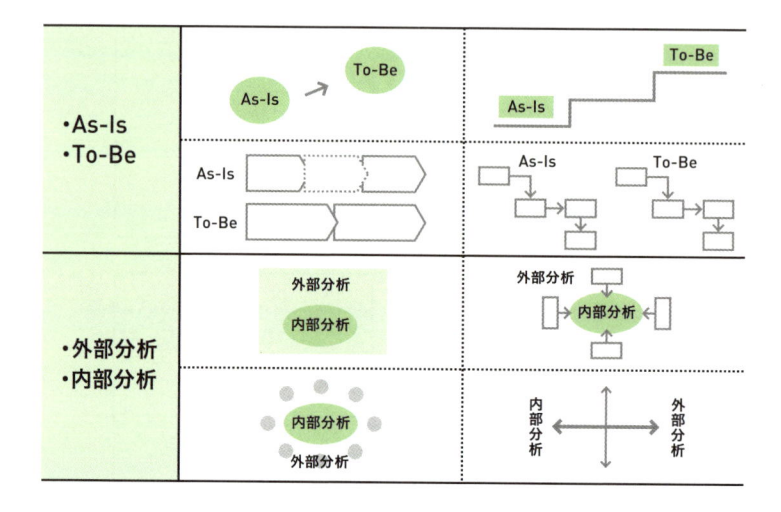

図55 関係性設定　2つのユニット（その2）　例

図56 **関係性設定　3つのユニット(その1)　例**

- 売上
- 費用
- 利益

- 入荷
- 在庫
- 出荷

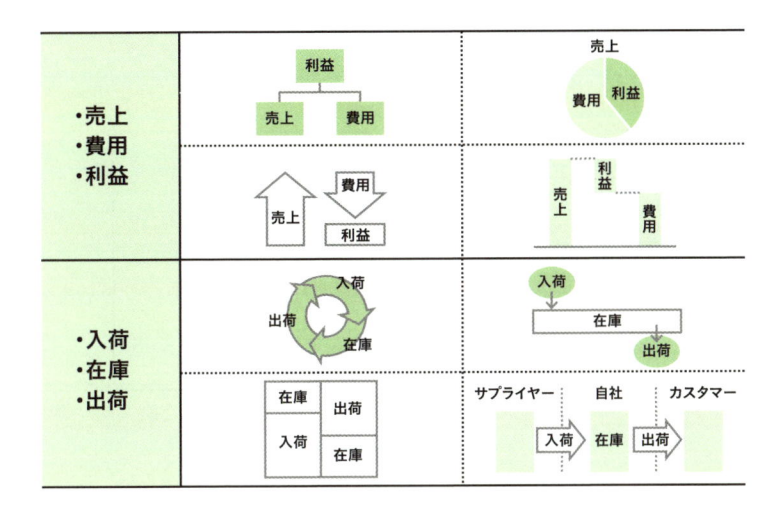

図57 **関係性設定　3つのユニット(その2)　例**

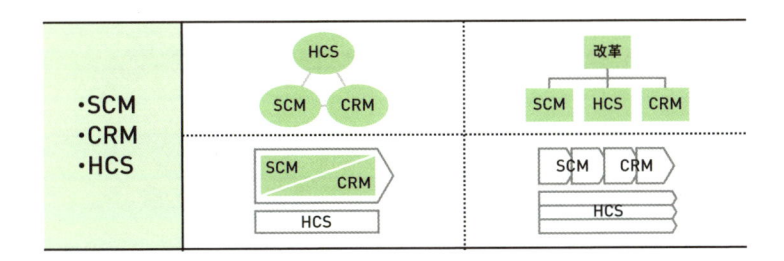

- SCM
- CRM
- HCS

図58 関係性設定　4つ以上のユニット

- Plan
- Do
- See
- Management

- Price
- Place
- Product
- Promotion
- Customer

図59 関係性設定　4つのユニット　例

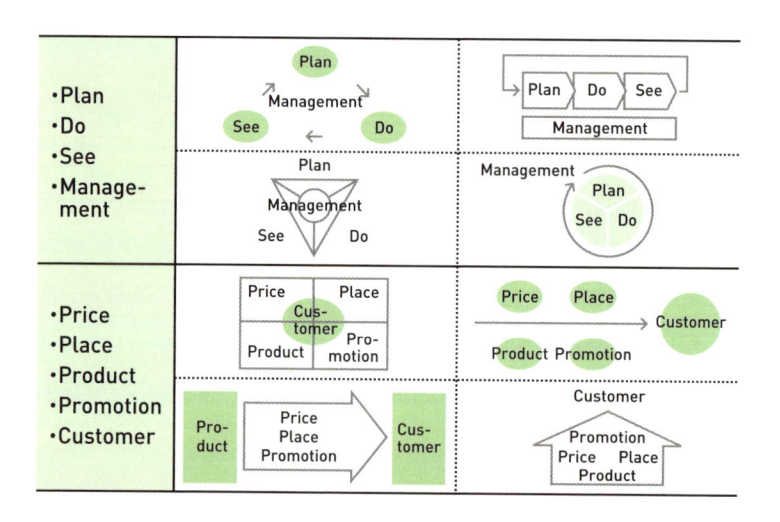

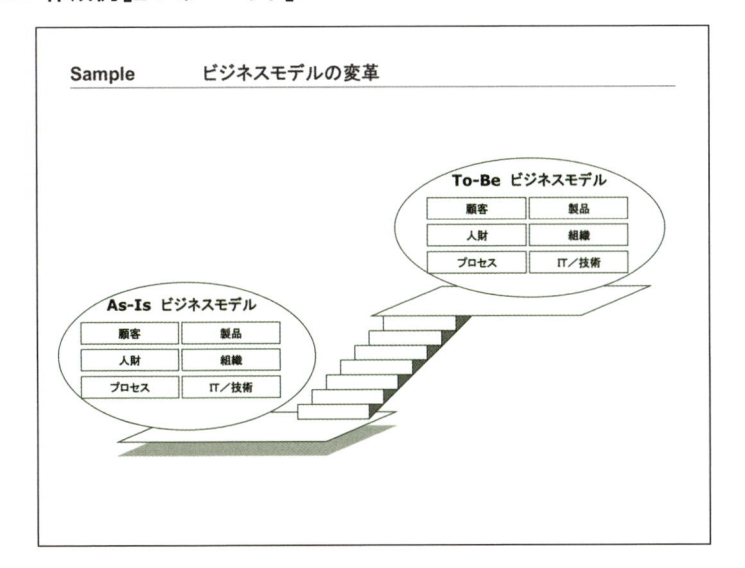

図60 **チャートテンプレート[2つのユニット]**

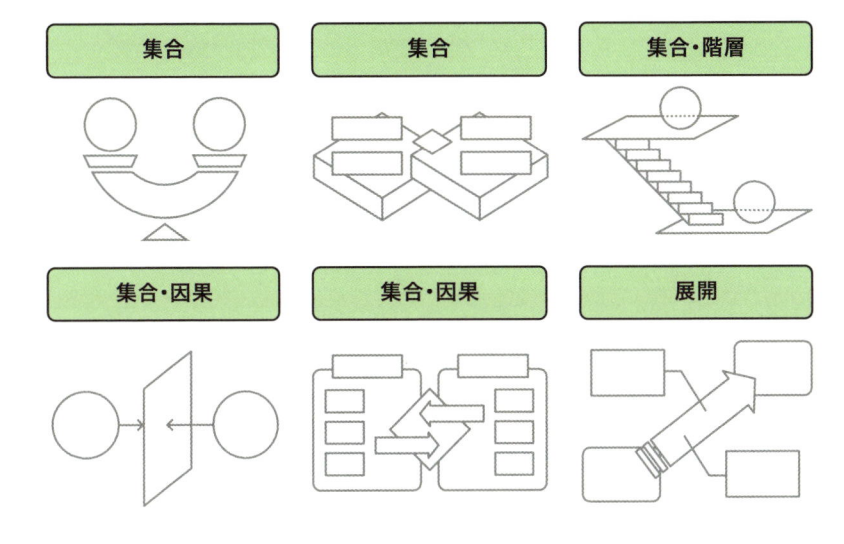

| 集合 | 集合 | 集合・階層 |

| 集合・因果 | 集合・因果 | 展開 |

図61 **作成例[2つのユニット]**

Sample　ビジネスモデルの変革

To-Be ビジネスモデル
- 顧客 / 製品
- 人財 / 組織
- プロセス / IT／技術

As-Is ビジネスモデル
- 顧客 / 製品
- 人財 / 組織
- プロセス / IT／技術

chapter 5 ［意味がわかる資料の作成方法］ビジュアルオブジェクトのテクニック

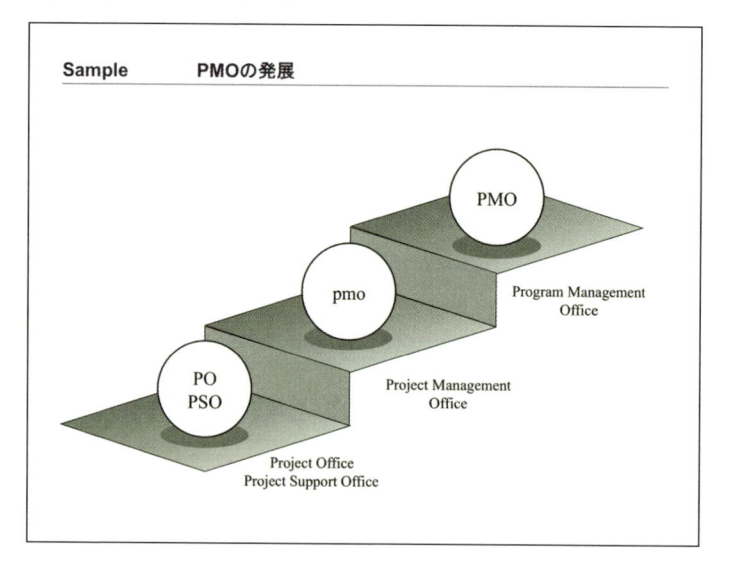

図62 **チャートテンプレート[3つのユニット]**

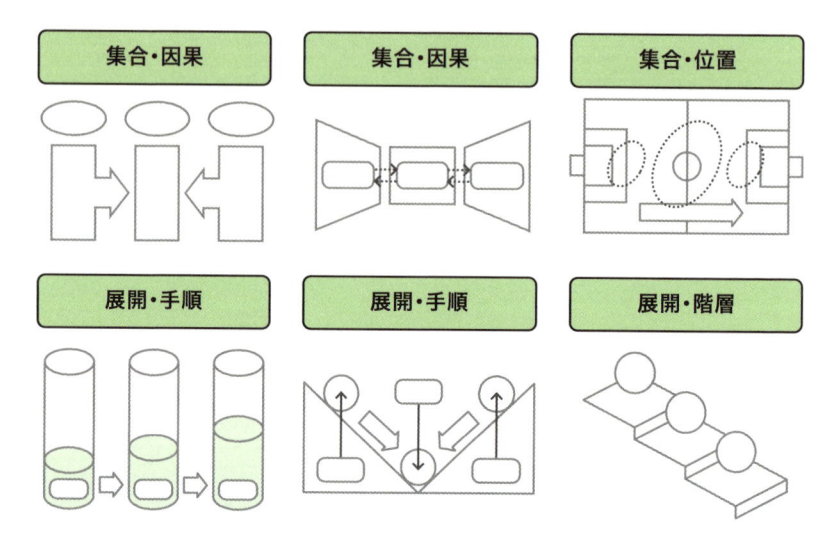

| 集合・因果 | 集合・因果 | 集合・位置 |
| 展開・手順 | 展開・手順 | 展開・階層 |

図63 **作成例[3つのユニット]**

Sample　PMOの発展

PMO — Program Management Office
pmo — Project Management Office
PO / PSO — Project Office / Project Support Office

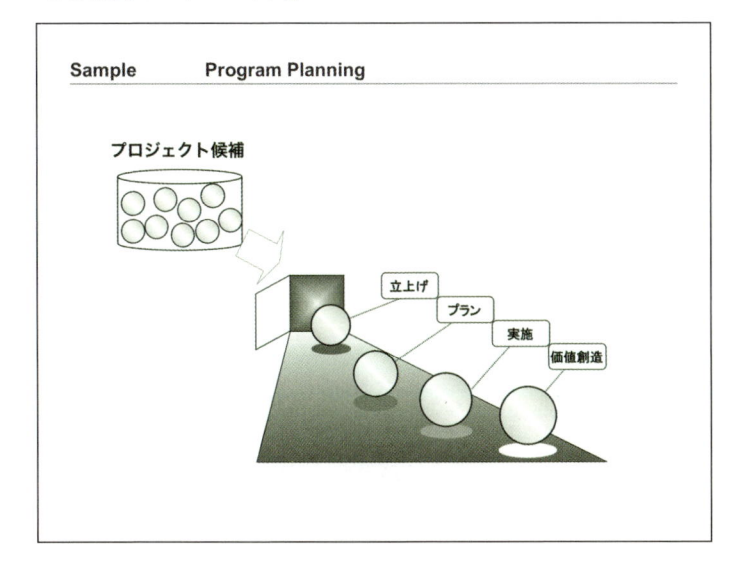

図64 **チャートテンプレート[4つのユニット]**

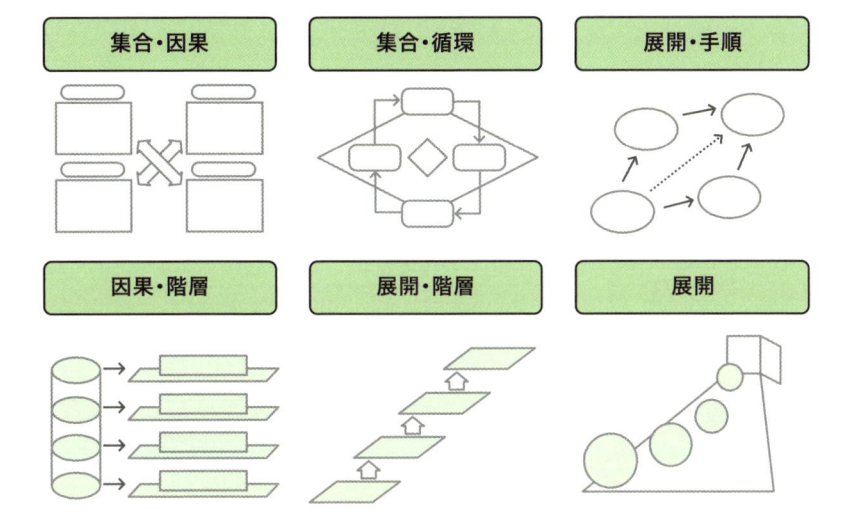

集合・因果　　　集合・循環　　　展開・手順

因果・階層　　　展開・階層　　　展開

図65 **作成例[4つのユニット]**

図66 **チャートテンプレート[5つ以上のユニット]**

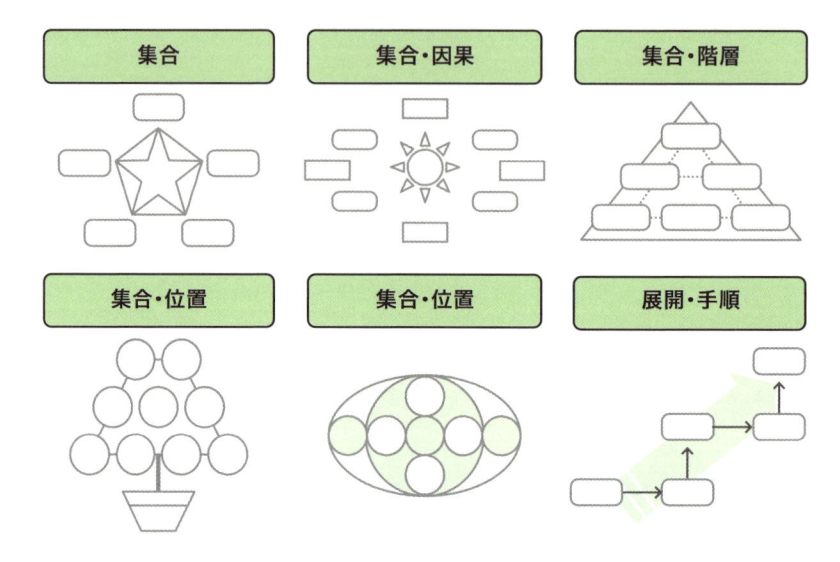

集合 　　　集合・因果 　　　集合・階層

集合・位置 　　　集合・位置 　　　展開・手順

図67 **作成例[5つ以上のユニット]**

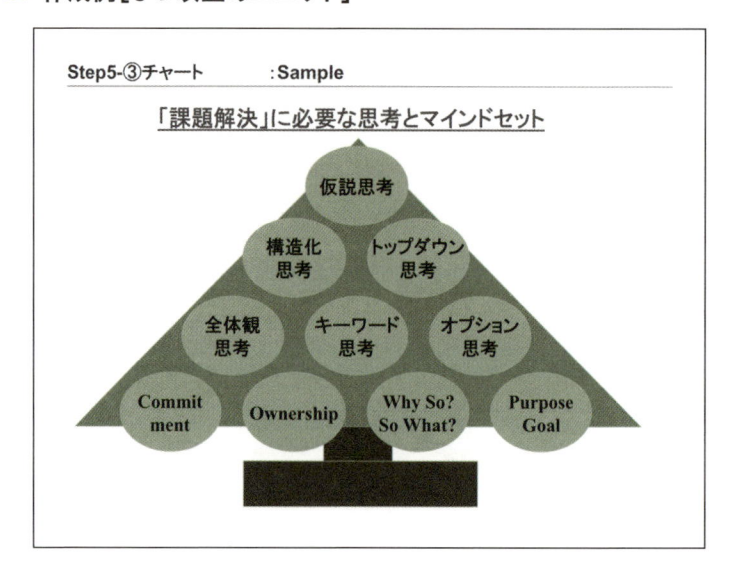

Step5-③チャート　　　　　：Sample

「課題解決」に必要な思考とマインドセット

- 仮説思考
- 構造化思考
- トップダウン思考
- 全体観思考
- キーワード思考
- オプション思考
- Commitment
- Ownership
- Why So? So What?
- Purpose Goal

になります。

　表現方法が1種類しか思い浮かばなければ、いつもそのパターンを使うしかなくなります。ケースバイケースで使えるパターンをいくつも持っているとよいでしょう。このあたりは訓練と経験次第です。

　図54〜57、図59は、関係性の例です。関係性の表現パターンには様々な方法があることが例からもわかると思います。

　図60〜図67には、オリジナルチャート作成に活用できるチャートテンプレートとその作成例を載せましたので、アレンジしてご活用ください。

「体系化」「表現要素抽出・定義」の演習

　それではここで、実際にオリジナルチャートを作る流れを見ていきましょう。図49（135ページ）をご覧ください。

　オリジナルチャートの作成には4つのステップがあると言いましたが、図49は「営業を支援する情報」というテーマについて第1ステップの「体系化」を終え、いわゆるロジカルシンキングで情報をツリー構造で表したものです。図49では、「営業を支援する情報」には、顧客、商品、販売という3つのルートがあり、それぞれ下の階層に2つずつ詳細な情報があるということまで整理できました。

　図50（137ページ）の左の図は、図49のメインメッセージとサブメッセージにあたる部分のキーワードを抜き出した段階です。このままでは情報の名前そのものですから、まず、アナロジーで、似た特徴を持つ別の言葉で置き換えることができないかを考えてみましょう。

　考えてみると、「顧客情報」や「商品情報」「販売手法」は、「『どこに』『何を』『どうやって』売るか」のための情報だということに気づくでしょう。「『どこに』『何を』『どうやって』売るか」であれば、わかりやすいですし覚えやすいので、この言葉に置き換えてみましょう。

　図50の右の図は、メインメッセージに「営業を支援する情報には3つの重要な情報がある」という点を強化しつつ、アナロジーを加えて修

図68 **関係性設定**

キーワードおよびアナロジーの構造を、
ユニット(意味のあるまとまり)とその関係性を用いて設定する

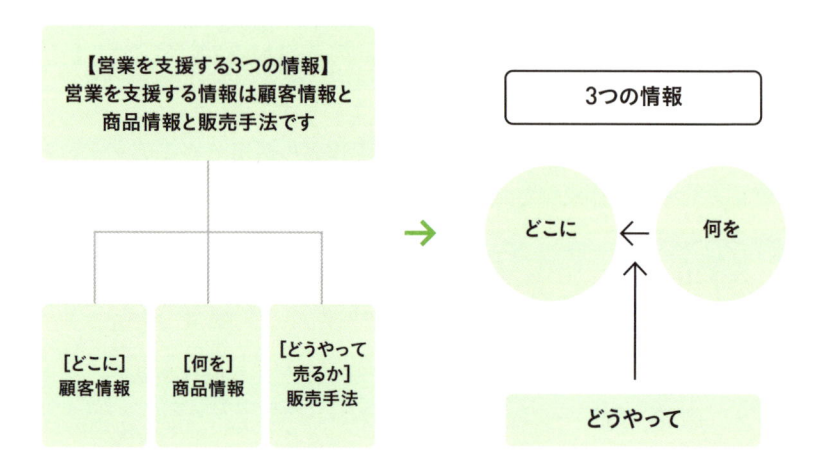

正した段階です。

　次に「どこに」「何を」「どうやって」売るかについて、関係性を設定してチャートに表すことを考えます。

　まず、要素が3つですから、ユニットのパターンは、「3つのユニット」であることがわかります。では、関係性のパターンはどうでしょう。相関なのか、因果にあたるのか、手順なのか、それともパターンの組み合わせなのか、というところを頭に置きながら、絵を描いてみます。

　ここでは単純に「お客様（どこに）に対して、商品（何を）を、どうやって」と考え、原案として図68のような位置関係で表してみました。「どこに」「何を」「どうやって」という3つの情報をどのように配置するかは、伝えたいメッセージによっても異なります。

　今回の例では、お客様を最優先に考え、顧客が起点であることを訴えたいので、「どこに」を出発点として左に配置してみました。商品をプロダクトアウト型に売るのであれば、当然「何を」が出発点となります。

　では、そのお客様に何を提案したらいいのか、と続くので、次に「何

図69 オリジナルチャートの作成例[営業を支援する3つの情報]

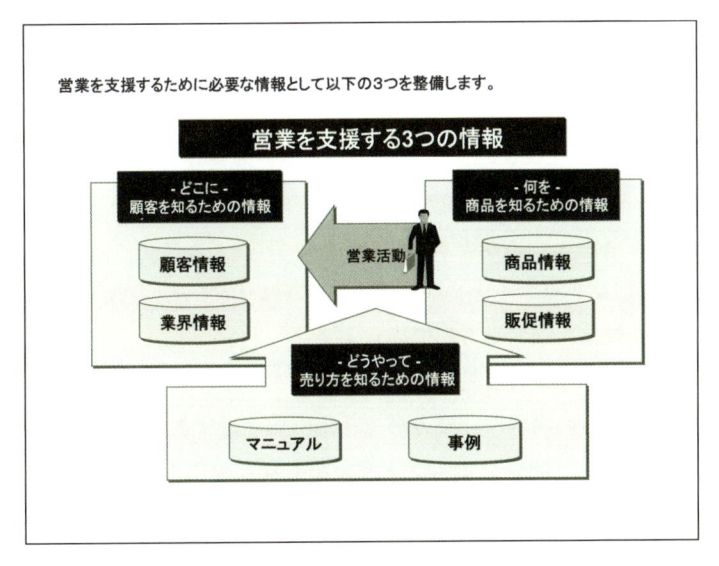

営業を支援するために必要な情報として以下の3つを整備します。

営業を支援する3つの情報

- どこに -
顧客を知るための情報
　顧客情報
　業界情報

- 何を -
商品を知るための情報
　商品情報
　販促情報

営業活動

- どうやって -
売り方を知るための情報
　マニュアル　事例

　を（商品）」、さらにその商品を「どうやって」効果的に提案したらよいかと続き、結果として描いてみた図が、図68です。ここまでは手描きでイメージをいろいろ描いてみるとよいでしょう。

　そしてこうしたイメージ図を基にオリジナルチャートを作ります。具体的には、後で詳しくご説明しますが、それぞれの表現要素を表す図形は何を使ったらよいか、矢印はどれを使うか、色をどうするかと検討し、キーワードやメッセージを加えて仕上げていきます。

　チャートとして、最終的に完成させたものが図69です。

　営業支援のためには、「どこに」「何を」「どうやって」の3つの情報が必要であること。中でもお客様の情報が最も重要で、その内訳には、「顧客情報」と「業界情報」があること。「何を（売るのか）」というところで、営業員は、商品を売るための「商品情報」と「販促情報」を知らなければならないこと。「どうやって（売るのか）」というツールとして、「販売マニュアル」と、こうして売ったという「事例」を集めたものが必要であること。

以上のような内容を、ぱっと見て理解しやすく印象に残るイメージで伝えています。

「図形」の使い方

オリジナルチャートの作成手順のラスト、第4ステップでようやく「作成」となるのですが、表現要素の内容によって、用いる図形には図70のようなルールがあります。

例えば、「プロセス」といった具体性の高い概念や「会社」のような実存する組織は、通常長方形で表します。

「コンセプト」のような具体性の低い概念や「顧客」や「市場」といった概念的な集合の場合は、長方形より楕円形を選びます。

三角形は、上下関係やヒエラルキーがあるものによく用いられます。私たちコンサルタントの場合は、三角形をマイルストーン（プロジェクトの主要なチェックポイント）としてもよく使っています。

また、ドラム形は、インフラや土台、基盤、データベース、箱矢印は

図70 **図形の特徴**

図形	名称	特徴
□	長方形	具体性の高い概念 実存する集合
○	楕円	具体性の低い概念 実態のない集合
△	三角	上下関係 マイルストーン
⌭	ドラム	インフラ データベース
▷	箱矢印	プロセス
▭	立体	三次元関係

プロセスによく用いられます。

　例えば、同じ「顧客」を表す場合でも、概念として顧客を表す場合は単純に楕円形を用いますが、会員200万人のファンクラブがありそのファンに対してプロモーションを仕掛けていくといったことを表すのであれば、ドラムを使ってその中に「顧客基盤」と書いたほうが、実際にすでに顧客を持っていることがイメージしやすくなります。

　さらに、その200万人にヒエラルキーがあって、プレミアム会員がいたり、一般会員がいたりと何階層かに分かれている場合は、三角形と階層で表すこともあります。こうすると、同じ200万人であってもそのイメージがずいぶん違ってくることがわかると思います。

　さらに、図61のように、平面的な図だけではなく立体を使っていくと、階段のように昇っていく様を表現しやすくなり、ステップアップ感といったようなものが出てきます。

　このようなルールに則って作っていくと、ぱっと見て何を表しているのか直感的にわかるチャートになります。すでに日頃からこのように図形を意識的に使っておられる方もいらっしゃるでしょうし、資料を思い出せばそういえばそうだったかもと思い出される方もいらっしゃることでしょう。

　必要なのは、図形をただ何となく使うということではなく、なぜこの形なのかと聞かれたときに、しっかり理由を答えられるようにしておくことです。こうしたルールは絶対的なものではないので、極端にいえば全部四角形で表したとしても間違いとはいえません。しかし、ビジネスの共通ルールがあるものは、それを使った方が、わかりやすくイメージしやすくなります。

　逆に、使う必要がないところで、例えば3Dを使っていると、ゴテゴテしているという印象を与えてしまうこともありますから、やりすぎには注意しなくてはなりません。

「矢印・線」の使い方

　矢印や線の使い方も、図形と同様に図71のような、よく用いられる使い方があります。

　矢印はどれも、基本的には順番を表します。

　細かく見ていきますと、白抜きの面矢印は、ビフォー・アフターのように変化の前後を表すような場合によく用いられます。同じ面矢印でも黒塗りにすると、AがBに影響を及ぼしますといった因果関係を表す場合に使われます。

　三角矢印は、四角が並んでいて、その間を小さな三角矢印でトントンとつないでいくような形で、単純作業のプロセスを表現する場合によく用いられます。

　普通の矢印は、要素と要素の間にやや距離間があり、部門間をまたがるようなイメージがあるのですが、三角矢印は、次の工程にちょっと渡すようなニュアンスで用いられます。

図71 **矢印・線**

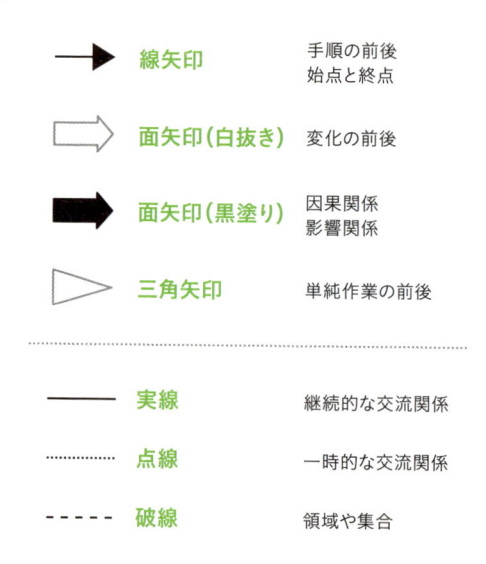

記号	名称	用途
➡	線矢印	手順の前後 始点と終点
⇨	面矢印（白抜き）	変化の前後
⮕	面矢印（黒塗り）	因果関係 影響関係
▷	三角矢印	単純作業の前後
──	実線	継続的な交流関係
⋯⋯	点線	一時的な交流関係
-----	破線	領域や集合

また、線は、図形と図形を結んで交流関係や概念的なつながりを示しますが、実線で結ぶ場合は継続的な交流関係、点線は一時的な交流関係を示します。また複数の図形を破線で囲む場合は、領域や集合関係を示します。組織図などで、実線は直接的なレポートラインを、点線は直属ではないけれども連携がある部門などと使い分けたり、マトリクス上にマッピングされた要素を破線で括って集合としてみなす、という使い方があります。

　矢印や線の場合は、実際にはそこまで意識して使われていないことも多く、一概にこうでなければならないというものではないですが、このような使い方があることは覚えておかれるとよいでしょう。

チャート作成のセンスを磨く

　チャートを作成するために留意すべきことは、先ほども触れましたが、まずはロジックを押さえるということです。

　時おりチャートについて、お絵描きだとか絵心が必要だと言われる方がいますが、そうではありません。ロジックの積み重ねなのです。

　なぜこの基本チャートを用いるのか、なぜこの図なのか、なぜこの位置なのかということを、自分の中で説明できなくてはなりません。したがって、まず何を伝えたいのか、そのメッセージにはどういう要素があるのか、その関係性はどうなっているのか、それをどう表現するのか、このような点を頭の中で整理しながら手描きで描いてみるプロセスが重要です。何より、組み立てがしっかりしていることが、わかりやすさの前提になります。

　最近は、インターネットなどでも情報がすぐ入りますから、他の人が作ったチャートを"パクって"中身をちょっと変えて使っているものもあります。特に新人の方に多いのですが、中には伝えたいこととチャートがまったく合っていないケースも見られます。

　ロジックを考えずにまねすると、ぱっと見はきれいなのですが、質問されても説明できないチャートになってしまいます。まねるのがいけな

いと言っているわけではありません。むしろ、いいチャートはどんどんまねたほうがよいと思います。まねる際には、どうしてこのような表現なのかという作成した人の思考をなぞり、それを理解した上でカスタマイズしましょう。そうでないと単なる借り物になってしまいます。

その意味で、特に新人の方などは、演繹法、弁証法、帰納法、ピラミッドツリーといったロジカルシンキングの基本を合わせて身につけることをおすすめします。資料作成力の実力も向上するでしょう。

また、アナロジーを見出したりする時には、ある種のセンスといったようなものも必要になります。センスというと先天的なもので努力や訓練では身につけられないような気もしますが、この場合のセンスは、教養と言い換えてもいいでしょう。

芸能界の例でいうと……。三国志にたとえると……。山登りで言えば……。何かにたとえる場合は、どれだけものごとを知っているか、どれだけ引き出しを持っているかがものをいいます。

教養は、雑学と言いかえてもいいかもしれません。ある時には「週刊こどもニュース」の池上彰さんになったつもりで、子供でもわかるたとえって何だろうと単純化してみたり、別のものに置き換えてみたり、相手の立場になってみたり、と視点をスライドさせて試行錯誤をしてみることです。そうした試行錯誤が引き出しを増やし、相応しいアナロジーが複数出てくるようになるなど、結果としてセンスも高まってきます。

比喩は、唯一絶対の答えがあるものではありません。また、アナロジー化しないからといって、それが間違いとも言えません。

こうしたセンス磨きは、いわば"心の努力"といったもので、ルールや決まりがあるわけではありません。自分の仕事や価値に対するある種の"こだわり"として取り組めばよいでしょう。

チャートに限りませんが、自分以外の人にこちらの意図をわかってもらうためには、そもそもそれなりの一手間は必要です。

カメラの新製品について伝えようとしたら、相手がいわゆるカメラオタクや詳しい人であれば画素数はどうか、絞りはどうか、とカメラの性

図72 チャートのチェックリスト

基本チェック

		Good	Bad
基本チェック	オブジェクト	・大きさ、配置、色、形等が統一したルールに基づいている ・視線の流れに沿った配置になっている	・同じオブジェクトで、影付きの有無や枠線の太さがまちまちである ・視線の流れに逆らったアシメトリーな配置になっている
	文字	・繰り返し使用される文字や冗長な文末が省かれている ・大きさ、太さ、色が見やすい ・英数字が半角で統一されている	・オブジェクトからはみ出ている ・影付きで読みにくい ・英数字やカタカナに、全角と半角が混在している
	メディアチェック	・印刷時やプロジェクター投影時に文字や記号が明瞭に見える	・印刷すると文字や記号がつぶれている ・投影すると文字や記号が小さくて読めない

プロセスチェック

			Good	Bad
プロセスチェック	基本チャート	対象選択	・チャートで表現したいメッセージに基づき、対象が選択されている	・チャートで表現する目的が明確化されていない
		チャートタイプ選択	・表現内容（集合、展開、階層……）に合ったチャートタイプを使用している	・表現したい内容とチャートタイプが結びついていない
		作成	・目的に合わせて加工している ・最終的な結果が一目で分かる	・表現内容に合わせず単純転用している ・読み込まないとメッセージがわからない
	オリジナルチャート	体系化	・表現したいメッセージが体系的、論理的に組み立てられている	・表現内容が固まらないままとりあえずチャート化を始めている
		表現要素抽出・定義	・メッセージから効果的でわかりやすいキーワードが抽出されている ・同じ理解ができるアナロジーである	・覚えにくいキーワードを抽出している ・キーワードやアナロジーを読んでも、メインメッセージの内容が読み取れない
		関係性設定	・単純なオブジェクトと矢印のみで、理解できる表現になっている	・オブジェクトの関係性が表現できず単なるキーワードの羅列になっている
		作成	・図形・矢印の意味やエフェクトの適用目的が、設定した関係性に合っている	・メインメッセージが構造的に理解できない

能を表す言葉でそのまま説明すればすむことですが、例えば初めて一眼レフカメラを触る女性であれば、それではわかってもらいにくいでしょう。人間の眼にたとえて性能を説明してみたり、暗いレストランでもこれくらい料理が綺麗に撮れますよと、従来のカメラと比較しつつ、その人の日常生活の中での価値に置き換えてみたりと一手間が必要になるのです。

相手の立場に立って配慮し一手間かける、これはチャートに限らず"伝えるためのマインド"と言えるでしょう。こういった努力が結果として、わかりやすい資料作成のセンスにつながるように思います。

チャートのテンプレートを活用する

本書でご紹介した基本チャートをはじめ、合計100個のチャートのテンプレートを、下記URLよりダウンロードすることが出来ます。

http://www.toyokeizai.net/ad/documentation-templates

資料作成時にご活用ください。

chapter 6

［意味がわかる資料の作成方法］
ビジュアルエフェクトの
テクニック

01

[Step5 ビジュアル化]
ビジュアルエフェクト

ビジュアルエフェクトとは

　ここまで、ビジュアルの構成の1つであるビジュアルオブジェクトについて、「表」「グラフ」「チャート」の作り方を順番にご紹介してきました。ここからはもう1つのビジュアルの構成要素であるビジュアルエフェクトについて、その使い方をご説明します。ここからはパワーポイントを前提としてお話ししていきます。
「ビジュアルエフェクト」とは、日本語でいうと「ビジュアル効果」のことです。その資料を使って訴えたいメッセージを理解しやすくするための効果的な手段です。使い方を誤ると、エフェクトは、むしろ逆効果になることもあるのです。

　なぜ、わざわざ"効果的な"と強調しているかというと、時おり効果的でないエフェクトを見かけるからです。使い方を誤ると、エフェクトは、むしろ逆効果になることもあるのです。

3つの種類と3つの効果

　ビジュアルエフェクトには、①カラーリング（色）、②イラスト、③アニメーションの3つの種類があります。
　そして、その3種について、それぞれ「シンボル」として使う、「ガイド」として使う、「演出」として使うという3つの役割があります。
　つまり、カラーをシンボルとして使う（①×a）、カラーをガイドとして使う（①×b）、カラーを演出として使う（①×c）といった具合に、3つの種類×3つの役割があるのです。

図73 **ビジュアルエフェクト**

ビジュアルエフェクトとは

メッセージを理解しやすくするための効果的な手段

1. カラーリング
2. イラスト
3. アニメーション

ビジュアルエフェクトの役割

シンボル	ガイド	演出
オブジェクトを抽象化し、理解促進を果たす	位置や強調箇所を示し、理解のガイドを果たす	雰囲気を表現し、インパクトや統一感を与える

　後ほど詳しく見ていきますが、シンボルとは、表現したい対象物を抽象化して理解を促す役割のことです。ガイドは、見てほしいところや強調箇所を示して視線や考え方の順序のガイドをするものです。演出とは、華やかな雰囲気やインパクトを与えたり、資料全体に統一感を出したりといった効果を指します。

02

[Step5 ビジュアル化]
カラーリング

カラーリングの基本テクニック

　では、それぞれのビジュアルエフェクトの役割とテクニックを見ていきましょう。まずカラーリングです。

　最初に、カラーをシンボルとして使うケースですが、最もなじみがあるのは、トイレなどに使われる「男性は黒、女性は赤」という男女を表す例でしょう。これが逆になってしまうと社会はかなり混乱してしまいます。このことからもカラーがシンボルとして社会に定着していることがわかります。

　ドキュメンテーションにおいても、プロジェクトチームが3つに分かれているような場合に、例えば「業務チームは赤に、システムチームは青に、コンテンツチームは黄色にしましょう」とチームごとに表したい対象物を想起しやすいカラーで統一して表現することがあります。これが、カラーをシンボルとして用いるケースです。

　ガイドとして使う場合としては、グレーアウトといって、例えば3つのステップを表す図で「ステップ2をまずご覧ください」と視線を該当箇所に導きたいとき、ステップ2を色づけしてステップ1と3は無彩色にしてカラーで際立たせていくといった使い方をよくします。

　フレームワークの場合も同様です。例えば、5つの競争要因分析を説明するような場合、「では新規参入業者についてご説明します」と該当箇所だけを色づけして目立たせ、資料のどこを説明しているのか理解しやすくします。

　演出としては、よく行われるのは、コーポレートカラーと連動させて

企業としての統一ブランド感を出すような例です。三菱グループは赤、KDDIグループはオレンジなど、企業によってコーポレートカラーは様々ですが、パワーポイントのテンプレートとしてコーポレートカラーを使っている企業は多いようです。もしプロジェクトカラーが決まっているような場合は、プロジェクトカラーに統一することもあります。

また同じくカラーの演出でよく行われるのは、成長をイメージさせる右肩上がりのチャートなどで、暖色系の黄色や鮮やかな色を右上の方に配して、明るい未来が待っているという印象づけを行うことです。

カラーリングの注意点

カラーリングの基本として留意すべきことは、

①色数をたくさん使いすぎない
②淡い色調に抑える

図74 **カラーリングテクニック**

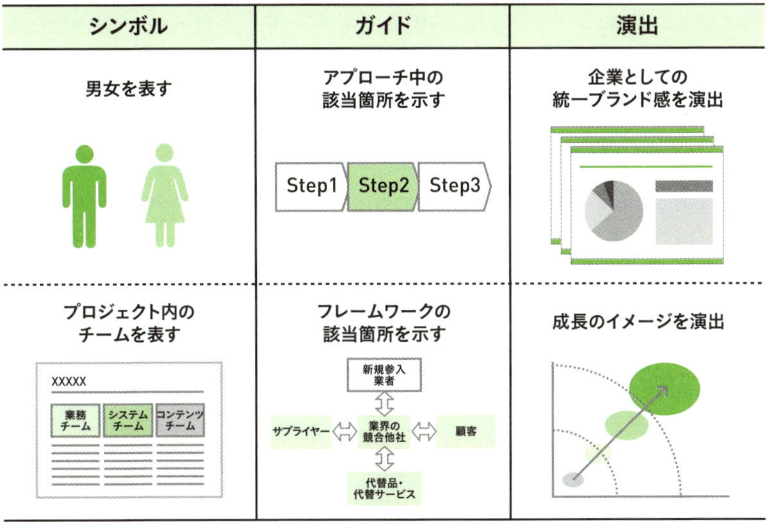

シンボル
ガイド
演出
男女を表す
アプローチ中の該当箇所を示す
Step1
Step2
Step3
企業としての統一ブランド感を演出
プロジェクト内のチームを表す
XXXXX
業務チーム
システムチーム
コンテンツチーム
フレームワークの該当箇所を示す
新規参入業者
サプライヤー
業界の競合他社
顧客
代替品・代替サービス
成長のイメージを演出

ということです。

　色は使えばよいというものではなく、色数が増えすぎると、資料のどこを見てよいのかわからなくなります。グラフなどで項目が多い場合は別ですが、1つの資料で使う色は、最多で5色までに抑えるようにしましょう。

　表現したいものがたとえ10個であっても、それをさらに大分類で括れば3個程度にまとめることができるでしょう。その大分類を、赤系、青系、黄色系で表し、小分類をグラデーションで同系色の中間色やより淡い色を使って色数を抑えるようにします。また、グラフなどで、ここを見てほしいという箇所だけに色をつけあえて強調する必要がないところは、黒やグレーといった無彩色を使う（グレーアウト）ことによっても色数を減らすことができます。

　また、使う色は、圧迫感のない淡い色調を使うようにしてください。たまに真っ赤やショッキングピンクのような濃い色をビジネスの資料に使う方がいますが、あまり見栄えがいいものではありません。

　そして色相はブルーを中心とした寒色系を使った方が無難でしょう。暖色系を使う場合であれば、赤やオレンジを使うより淡いクリーム色あたりがよいと思います。ただ暖色系はどうしても女性らしい柔らかな印象になってしまいますから、ビジネスシーンでクラス感や落ち着いたイメージを出すのであれば、やはりブルーやグリーンを選んだ方がよいかと思います。

図75 カラーリングチェックリスト

基本チェック

		Good	Bad
基本チェック	色数	・基本色は3色以内 ・グラデーション・無彩色の使用により色数が節約されている	・満艦飾になっている ・どこに着目していいのかわからない ・色数が多く疲労感を与える
	色調	・全体的に薄い色調でまとまっている ・強調箇所に反対色を使用し、メリハリがある ・動的なものに暖色、静的なものに寒色を使用している	・色が濃く圧迫感を与える ・原色を多用している ・基本色を設定していない
	配色箇所	・同じ意味を持つオブジェクトに同系色を使い、相対関係のオブジェクトには反対色を使っている	・オブジェクトの関係性を考えずに、ばらばらの色を使っている
	メディアチェック	・印刷しても濃淡及び意味合いが認識できる ・プロジェクターに投影する際に、濃いめの色を使用している	・印刷すると、背景に文字が埋没する ・プロジェクターに投影する際に、全体的に薄くぼやけている

活用チェック

		Good	Bad
活用チェック	共通チェック	・使用する際の役割が一言で言える	・色を使用した際の効果が伝わらない
	シンボル	・色からオブジェクトの意味が違和感なく連想できる ・色の意味があらかじめルール化されている	・色がオブジェクトの意味と結びつかず、混乱を招く ・同じ意味のシンボルに毎回異なる色を配色している
	ガイド	・着目してほしい箇所や強調箇所が瞬時にわかる ・該当箇所以外には無彩色を使用している	・色が多用されていて、どこを見てよいのかわからない ・強調箇所以外のところに視線が奪われる
	演出	・同じ基本色がドキュメントを通して一貫して使用されている ・クライアントの期待やカルチャーを理解した表現にしている	・統一感がなく散在な印象を与える ・クライアントの期待やカルチャーにふさわしくない

03

[Step5 ビジュアル化]
イラスト

イラストの使い方と注意点

　ビジュアルエフェクトの2つ目はイラストです。イラストにもカラーリングと同じように、シンボル、ガイド、演出の3つの役割があります。基本的にはメッセージを引き立て印象づけるようなポイントや、テキストやグラフ、チャートだけではイメージしにくい箇所に使用します。

　まず、シンボルとしてイラストを用いる例としてよく行われるのは、握手をしているイラストを提携のシンボルとして用いるような使い方です。提携をシンボリックに表現することで印象度を高めます。

　資料にフレームワークを載せるような場合、その要素をシンボルとして表現することもあります。例えばヒト・モノ・カネなどに対して、言葉だけでなく、ヒトの絵やモノが動いている絵、おカネのマークなどを入れて表現するようなケースです。瞬間的に認識しやすくなります。

　留意点としては、相手に不快感を与えかねないイラストは用いないよう配慮が必要です。演出効果として使う場合は、理解促進のためにあった方がいい場合を除いて、特にイラストは使わなくてもよいでしょう。

　私の場合イラストはマイクロソフト社のフリー素材のものをよく使っています。検索サイトから引っ張ってきたものは、著作権に触れる可能性が高いですから気をつける必要があります。使用可否の不明なイラストは使用しないことです。また、文書をデータとして利用する場合、その出典を記載するのは基本ですが、お客様の商品やサービスをイラストとして使う場合にも、「御社ホームページより掲載」など断りを入れ、無断借用ではないことを明示しておく必要があります。

図76 イラストチェックリスト

基本チェック

		Good	Bad
基本チェック	使用数	・役割に応じて使用数が調節されている	・数が多すぎてイラストの効果が感じられない ・メッセージよりもイラストが目立っている
	使用箇所	・メッセージを引き立て、印象づけるような箇所に使用している ・テキスト／グラフ／チャートだけではイメージしにくい箇所に使用している	・文字や他のオブジェクトに重なっている ・意味のないところに使用している
	スタイル	・ビジネスシーンに相応しい洗練されたスタイルを使用している ・クライアントのカルチャーや好みに合ったスタイルを使用している	・幼稚な絵や漫画絵を使用し、不信感を与えている ・クライアントにとって使用不適切なイラストを使用している ・意味がわかりにくい背景付イラストを多用している
	メディアチェック	・プロジェクター投影時に、遠くから見ても何を表したイラストなのかわかる	・印刷時、投影時に何を表したイラストなのかがわからない

活用チェック

		Good	Bad
活用チェック	共通チェック	・使用する際の役割が一言で言える	・イラストを使用した際の効果が伝わらない
	シンボル	・イラストから事象や概念を自然にイメージすることができる	・イラストを見ても、何を表現したいのかがわからない
	ガイド	・着目してほしい箇所や強調箇所が瞬時にわかる	・イラストが多用されていて、どこを見てよいのかわからない ・内容ではなくイラストに視線が奪われる
	演出	・ドキュメント全体を通じて、同じスタイルのイラストを使用している ・クライアントの期待やカルチャーを理解した表現にしている	・複数のスタイルを混ぜて使用し統一感を欠いている ・クライアントの期待やカルチャーにふさわしくない

chapter 6 ［意味がわかる資料の作成方法］ビジュアルエフェクトのテクニック

04

[Step5 ビジュアル化]
アニメーション

アニメーションの使い方と注意点

　アニメーションは消えてしまうものですから、シンボルとしては使えません。アニメーションの役割は、ガイドと演出の2つになります。

　ガイドとして一般的によく使われるのは、プレゼンで、例えば「Q. 目的は何ですか」というような質問を出して、「A. 答えはこれです」とアニメーションで出して視線を誘導するような使い方です。

　また作業工程のフローチャートなどを見せ、その一部を点滅させて、「ここが重要なのです」と視線を引きつけることもよく行います。

　使いすぎると逆に目障りになりますし、クリックするタイミングや順番を間違えてしまうなどのミスも出てきますから、あまり凝りすぎないようにしましょう。演出として使う場合は、例えば「3つの経営ビジョンがあります」と説明して3つのビジョンを効果音とともにアニメーションで出してメッセージをさらに強調したり、工場の作業工程をアニメーションで作ってリアリティを表現したり、といった使い方をします。

やりすぎのエフェクトは逆効果をもたらす

　ビジュアルエフェクト全般に言えることですが、最も気をつけることは、やりすぎに注意ということです。色づかいを少し抑えたらいい資料なのに損をしていると思う資料をよく見かけます。つい凝りすぎてしまい、良かれと思ってやった効果が効果にならず、逆効果になってしまっていることは、意外に多いのです。

図77 アニメーションチェックリスト

基本チェック

		Good	Bad
基本チェック	使用数	・目的が言える箇所にのみ使用している	・多用しすぎて品位を落としている
	動作	・一定の動作ルールに則っている	・同じ展開に別の動きを設定している
	メディアチェック	・プロジェクターに投影するとリズム感／リアリティ／インパクトを与える	・印刷するとオブジェクトが重なっている

活用チェック

		Good	Bad
活用チェック	共通チェック	・使用する際の役割が一言で言える	・アニメーションを使用する際の効果が伝わらない
	ガイド	・見せる順序や視線をコントロールしている	・説明の順番と合っていない
	演出	・躍動感を与え、先を見たいと思わせる ・リアルな動きでイメージを喚起している	・動き自体に気をとられてしまう

chapter 7

資料のクオリティを
高めるヒント

01

「おもてなしの心」を養う

「おもてなしの心」とは「user experience」

　ここまで、資料作成のステップをいっしょに見てきました。【Step 1】から【Step 3】までは、目的を達成するためにターゲットのことを知り、どのようにメッセージを伝えるべきか「おもてなしの心」を駆使して考えること、【Step 4】【Step 5】は理解しやすい構成でわかりやすくビジュアル化するための「料理のテクニック」にあたるスキルについて説明しました。

　ここでもう一度、「おもてなしの心」と「料理のテクニック」について、それをどのように横断的に活かせるのか、またこれらのスキルやマインドをいかにして向上させるかについてお話ししたいと思います。

　基本となる資料作成ステップを頭に入れた上で、もう一度本質に返り応用力をつけましょう。

　まず、「おもてなしの心」についてですが、とても日本的なニュアンスを感じさせるこの言葉は、英語では何と訳されると思われますか。「hospitality（ホスピタリティ）」や「entertainment（エンターテインメント）」がそれにあたると思われる方も多いでしょう。

　一般的にはたしかに「hospitality」や「entertainment」なのですが、最近ビジネス用語で、これが「おもてなし」の英訳にあたるのではないかと言われている言葉があります。それは「user experience（ユーザーエクスペリエンス）」です。

　「user experience」とは、製品やサービスを使ったり体験したりすることによって人間が認知する体験を総称したもので、例えばiPadや

iPodといった製品、あるいはディズニーランドでの体験や高級旅館のサービスに代表されるように、一般的に求められる機能やサービスを超えてさらに「楽しい」「うれしい」「心地よい」「感動的な」体験価値の提供を重視しようという考え方です。

この「user experience」、直訳すると「顧客体験」となり、何の事だかわからなくなってしまいますが、日本語でこれに当たるのが「おもてなし」ではないかと言われ始めており、成熟化する市場において競争優位を決めるものとして注目されています。

このような傾向は、消費市場に留まらず、資料作成という仕事においても同じでしょう。単にファクトさえあればいいというだけではなく、徹底的に考え抜かれたメッセージやストーリー、相手の立場に立ったわかりやすく、さらには心を動かす表現など、資料を通じてユーザーエクスペリエンスを提供することで選ばれ続ける人材になれるのです。

そしてこの価値は、プロファイリングをはじめとして、どれだけ相手の立場に立てるかによって生み出されるものです。

資料における「おもてなしの心」

「おもてなしの心」は、【Step 1】〜【Step 3】の作成ステップ以外で、どのように資料作成に活かされるのでしょうか。

実際には資料作成における「おもてなしの心」は依然として発展途上にあるように感じます。

資料作成の研修をしていると、受講者の方から「自分はアーティストじゃないし、要は中身なんだから色にこだわる必要性を感じない」といった声があがることがあります。

中身が重要なのはある意味当たり前のことです。アーティストでもない人に、カラーコーディネートの知識を究めよと言うつもりも、広告やアートのような洗練を求めるわけでもありません。しかし、どぎつい色や蛍光色を避けて理解を妨げない配色にしたり、相手のコーポレートカラーを使ったり、ルック＆フィールを通して相手を気遣っていこうとい

う姿勢は、ビジネススキルとして重要な部分であり、それこそおもてなしに当たります。そしてこの相手に寄り添う姿勢は、必ず伝わるものなのです。

「おもてなしの心」は、ガイド機能としても表われます。資料の構成をフレームワークを用いて作成した場合、「今はこのフレームワークに基づいてこの箇所の話をしています」とスライド上でガイドすることができますが、これは、相手の理解に要する時間を少しでも短縮しようというおもてなしの心が表れたものです。

最近よく見かけるのは、動画から始まるプレゼンテーションです。ドキュメンテーションそのものではありませんが、"百聞は一見にしかず"という点でわかりやすさを追求している姿勢は、顧客視点に立ったものだと思います。

価格競争が厳しい状況のもと、仮に内容にあまり差がない場合には、「おもてなしの心」は大きな差別化要因になります。例えば、学校の教科書と予備校のテキストを比較してみると、学習すべき内容自体は同じですが、学生の興味をいかにひきつけ学習効果をあげるかという点では差があるでしょう。「この人は自分のことをきちんと理解した上で、配慮した対応をしてくれている」といった、相手にどれだけ寄り添って期待に応えられるかが、選ばれる資料の要件になってくると言えます。

シンプルこそが究極のおもてなし

最近「おもてなしの心」でも特に重んじられているのが、「シンプルであること」です。情報過多な社会ですから、情報をこれでもかとてんこ盛りで載せるのではなく、逆にどれだけそぎ落として必要十分な情報だけをきちんと載せてくれたのかが、受け手の心地よさにつながるのです。本当の意味でシンプルであるには当然相手のことも知らねばなりません。シンプルであることはわかりやすさ、美しさにもつながりますから、究極のおもてなしと言ってもよいでしょう。

この「シンプルであること」は、情報がありすぎて欲しい情報になか

なかたどりつけないというユーザーの不満から、最近ウェブのインターフェイスでも重要視されている概念です。

グーグルは図78のような「デザインガイドライン10ヶ条」を作っていますが、それにも3番目に「simple」があげられています。

何をもってユーザーエクスペリエンスとするかは、企業や製品によっても異なります。グーグルではまず「useful（役立つこと）」「fast（速いこと）」をあげていますが、ディズニーであれば「楽しい」「わくわくする」といったところが出てくるでしょう。

この10ヶ条は資料作成においても通じるところがあります。例えば9番目の「trustworthy（信頼できる）」は、おもてなし以前のことではありますが、誤字脱字やデータ違いといったケアレスミスには十分配慮する必要があります。私達コンサルタントの場合、たとえ1ヵ所でもデータが間違っていると致命的で、信頼に足る資料とは見なされなくなってしまいます。まず信頼性を心がけるのは、改めて言うまでもないことです。

図78 グーグルのデザインガイドライン10ヶ条

1 役立っているか? (useful)
人々の仕事、生活、夢の実現に貢献しているか?

2 速いか? (fast)
ミリセカンド単位で高速化しよう。

3 シンプルか? (simple)
シンプルであることはパワフルだ。

4 魅力的か? (engaging)
初心者にとっても上級者にとっても魅力的か?

5 革新的か? (innovative)
大胆に行こう!

6 ユニバーサルか? (universal)
全世界で使えるか?

7 利益が出るか? (profitable)
常にビジネスを見据えよう。

8 美しいか? (beautiful)
はっとさせるデザインか?

9 信頼できるか? (trustworthy)
信頼されるように努力しよう。

10 親しみがあるか? (personable)
パーソナルタッチを大事にしよう。

グーグルの10ヶ条は、ユーザーエクスペリエンスの一例ですが、個々の資料作成にぴったり当てはまるというわけではありませんから、ご自分で"資料作成10ヶ条"や"おもてなしの心10ヶ条"など作ってみられるのもよいでしょう。

どれだけ相手の立場に立てるか

資料作成における「おもてなしの心」を磨くことは、センスを磨くことです。センスというと生まれつきのものと思われがちですが、相手やテーマに対する思いが広くて深いがゆえに、色々なことに気がつくことができる（sense）のです。センスを磨くためには、繰り返しになりますが、どれだけ相手の立場に立てるかが重要になります。

私が指導する場合、例えばプレゼンテーション資料の場合には、資料が完成した後にお客様が座る椅子に座らせて、実際にスクリーンに作成した資料を映して見てもらいます。

そうすると、例えば、フォントが小さすぎて見えないとかイラストが何を表しているのかわからないなど、作成していた時には見えなかった欠点が見えてきます。文字どおり物理的に相手の立場に座ることで、初めて相手から見た世界が見えてくるのです。

どうしても自分の世界に入り込んでいる時には、何がよいのか、あるいは悪いのか、見えなくなりがちですから、人に作った資料を見せるなど、強制的に他者の視点を入れるよう配慮しましょう。

講演や研修で、「講師として上達する人」と「そうでない人」にはある違いがあります。講演や研修後は受講者アンケートを採って後日講師にその結果を知らせるのですが、「上達する人」は、講演やセミナー当日、速い人であればアンケート用紙を集めた直後に結果を聞きにくるのです。何がよかったのか、あるいは悪かったのか、自分が仮説として入れたストーリーは当たったのか、外れたのか、積極的にフィードバックを求めてきます。そして、次回はそれを踏まえた内容に変えてきます。

相手からのフィードバックを求め、それを積極的に活かしていくこと

が、「おもてなしの心」を反映した資料作成やプレゼンテーションにおける上達のポイントと言えるでしょう。

　本書では料理のたとえを引用してきましたが、フィードバックを次回に活かすのは料理も同じです。変わらない老舗の味とよく言いますが、全く変わらないということは少なく、実際には素材や時代の変化とともに改良していると言います。時代に合わせて、少しずつ少しずつ変えているから何百年もお客様がリピートしているのです。

　「おもてなしの心」は、ずっと同じことをやり続けるのではなく、また考えを持たずブレまくるのでもありません。信念を持ちながら相手に合わせて進化させていくということが重要です。

　まずはシンプルに、資料を出したりプレゼンしたりした後、やりっぱなしで終わるのではなくフィードバックを求めるところから始めるとよいと思います。

02

「料理のテクニック」を高める

研究し、試す

「料理のテクニック」を高めるためには、オーソドックスな方法ではありますが、①評価してもらったり、②研究し、試してみたり、③おいしいものを食べるということが役立ちます。

①評価してもらうという点については、先の「おもてなしの心」のところでもお話ししたとおりです。作った料理をおいしかった、まずかったと感想をもらって次に反映させるのと同様、資料作成においても、よかったところ、悪かったところ、改善したらいいところなどフィードバックをもらってそれを次に活かしていくことが、一番のスキルの向上につながります。

②研究し、試すということも、スキルを高めるための王道ですが、これにはやはり野菜の切り方や魚の下ごしらえといったベースとなる調理技術をまず1つ1つマスターする必要があるのと同じく、資料作成においても構成の仕方やビジュアル化技術について地道にスキルを身につけていく必要があります。

ただ、それから先、料理をレシピなしで臨機応変に自在に作ることができるレベルになるには、レシピを1つずつ作ってみて習得するという方法は、実は効率がよくありません。

「今日はイタリアン、明日は日本料理」といろんなジャンルの料理をランダムに作るより、例えばイタリアンであればイタリアンだけ一定期間徹底して作ったほうが、イタリアン独自の旨みのツボやその出し方のコツといったものが少しずつわかってきます。そうすると次第にレシピを

見なくても素材からイメージした料理を作ることができるようになってきます。

資料作成においても同様です。例えば財務資料なら財務資料だけ、マーケティング資料ならマーケティング資料だけと、テーマを絞り込んでひたすら試行錯誤しながら作ることで、そのテーマの資料作成のコツがわかってくるのです。

「同じジャンルで試行錯誤しながらひたすらやる」のがポイントです。

ジャンルの絞り方は、上記のように内容によってでもよいですし、用途によって、例えば企画書であれば企画書を、研修資料であれば研修資料をひたすら作るといった絞り方でもよいでしょう。同じ研修資料であっても、問題提起型で作る場合もあれば、レクチャー中心型もあり、レクチャーなしのワークショップスタイルもありますから、ジャンルを絞っていろいろやってみるというのが、短期間に全体を把握することにつながり、結果的に最も効率的にテクニックを身につけることができます。

答えは1つではないことを知った上で、一番いいものを探す

日頃、1つのやり方やテクニックだけを身につけ「これしかできない」という方がとても多いように感じます。しかし、資料作成のテクニックは、これがたった1つの正解というものではなく、いろんな方法があります。

研修でも「○○はどうしたらいいですか」といった質問をされる方が多いのですが、回答は相手によってもシチュエーションによっても変わってきます。しかしそれで納得する方は少なく、いかなる場合にも通じる万能のテクニックを求める方が多いように感じます。

"いかなる場合もこれでOK"といった万能のテクニックといったものはありえません。

答えは1つではないことを知った上で、一番いいものを探す――これが、資料作成における「料理のテクニック」上達の秘訣なのです。

研究し、試すためには、過去に成功した資料作成の方法を捨てられるかが問われます。これでうまくいったから、いつもこのパターンで、という方が多いのですが、上達のためには逆に、現状のものを捨ててあえて違うパターンを試してみる勇気が必要です。

　例えばストーリーの展開パターンで、起承転結にしてみたり、逆に結論から入ったりと試すのも1つのチャレンジですし、「今回は昔話になぞらえてみよう」というようにいろんな比喩を試すということもそうです。

　また、"○○しばり"といったような、あえて制限を設けていくというチャレンジの仕方もあります。例えば、1スライドには何字までしか入れないといったしばりや、伝えたいことをすべて3項目で5字以内にまとめてみようというしばりもありえるでしょう。

　『ペチャクチャナイト』というイベントをご存じでしょうか。20枚のスライドを20秒ずつ20×20＝400秒というルールで、誰でもどんなテーマでも話してOKというプレゼンテーションイベントなのですが、印象深いプレゼンテーションがたくさん出てきています。今では世界400以上の都市で行われておりインターネットでも動画を見ることができるのですが、この場合では1枚20秒という短い時間枠と20枚という制限の中でいかに見てわかるものを作っていかに伝えるかが"しばり"になっています。

　『ペチャクチャナイト』はどんどん資料の枚数や内容が増えて依存度が高まっているパワーポイントのアンチテーゼの意味合いもあると言われています。パワーポイントを使うと何となくできた気になってしまいますが、それがなくては資料が作れないとか伝えられないということでは、本末転倒です。

おいしい物を食べる

　「料理のテクニック」を高めるためには、③おいしいものを食べることも大切です。基本的には、やはり食べたことがないものは作ることがで

きないですから、いろいろ食べる機会を作るようにしたいものです。

　大前研一氏はかつて日立製作所から外資系コンサルティング会社マッキンゼーに転職した際、コンサルティングノウハウを学びとろうと数ヵ月間土日とアフター5はずっと社内の資料室に籠り、同社がそれまでに手掛けたデータを収めたマイクロフィッシュ（印刷物を縮小複写したマイクロフィルムのカード）を読み込んだそうです。この経験から見る目が養われたとおっしゃっています。料理で舌が肥えると言いますが、資料もまた見れば見るほど目が肥えてきますから、積極的に他の方が作った資料を見るようにするとよいと思います。

　なかなか機会がないという方もいらっしゃるかもしれませんが、まず意識を向けることが必要でしょう。とにかく貪欲にいろんなものを見ること、数をたくさん見ることが、良いもの悪いものを峻別する目を養います。

　われわれのようなコンサルティング業務では、クライアントへの提案でコンペになることが多いのですが、その場合は他社の提案書を入手するようにしています。同じ課題やテーマについて他社が何を訴求しているのかを見ることは一番の勉強になります。また、お客様の中にも提案の機会をたくさん持っていて非常に勉強されている方がいらっしゃいますから、お客様からも積極的に学ぶようにします。

　昔の作家はよく名作といわれた作品をひたすら写すことをしたと聞きます。それによって文章テクニックや話の展開の仕方が身についたそうです。素晴らしい資料に出会ったら、それになぞらえて作ってみるのも1つの学び方でしょう。

　実際は学ぶ機会は意識すれば意外とあるものですが、ほとんどの方は、あまり人が作った資料に意識を向けようとはしません。人のものどころか、いったん作り終えてしまえば自分のものにさえ目を向けません。日々忙しく、資料を作っておしまいになってしまうことがほとんどのようです。

　私たちのドキュメンテーション研修では、受講者全員が同じテーマで

書類作成ステップ【Step 1】〜【Step 5】に沿って演習を行っていますが、そこでは互いの資料を見て学ぶとともに、ステップごとに5段階の評価シートを作って点数をつけて評価をしています。

たくさん見て、たくさん作って試して、たくさんフィードバックを受けること。「料理のテクニック」を向上させるのは、これに尽きるのではないかと思います。

フィードバックを受ける際の心構えとしては、資料の評価と人格の評価は別物であると認識すべきです。厳しい評価を冷静に受け止めて、自分が作ったものに執着せず、言い訳や反論をするのではなく、価値のあるものを出そうとする姿勢を貫くこと。プロとして本当にレベルの高い仕事をするためには、厳しいフィードバックを受ける覚悟は必須です。

自分が作成したものが評価されなかったときには、Step 1からStep 5のどの段階でつまずいたのかをチェックすることによって、次回に活かしていきましょう。「おもてなしの心」を忘れずに、多くのフィードバックを活かしていけば、「料理のテクニック」は確実にあがっていきます。

03
レビューによる資料のクオリティの向上

レビューの視点とプロセス

　最後に、ちょっと視点を変えて、資料作成者というより作成者をサポートする立場の方に向けた、レビューによる資料のクオリティの向上についてお話ししたいと思います。

　レビューとは、ここでは作成された資料を作成者以外の上司やマネジャーが確認することをいいます。自分自身の資料作成力を高める必要があることはもちろんですが、さらに人の資料のクオリティを高められる力があってこそ、いわばプロとしての資料作成力を有すると言えます。

　そのためには、とりあえず思いつくままに改善点を述べるのではなく、体系的に自信をもってレビューが行える必要があります。レビューを成り行きで行ってしまうと、資料作成の終盤になって、そもそも方向性が間違っていたことがわかり作業の手戻りが発生してしまったり、せっかく時間を取ったにもかかわらず指摘した箇所のやり直しだけで終わってしまったり、双方にとって好ましくない結果になることがあります。

　レビューには、資料作成のステップに応じて着眼点といったものが必要ですし、効果的に進めるためにはそのプロセスもまた重要になります。

　ここでは、レビュアー、すなわち資料を確認する立場にある人が、どのように資料をレビューすべきか、レビューの視点やプロセス、チェックポイントについてお話ししましょう。資料を作る立場の方は、ご自分がレビューを受ける際の注意点として受け止めてもよいですし、そのまま資料作成の自己チェックとして活用してもよいでしょう。

　図79はレビュアーに必要な視点、図80はレビューをどのように進め

るべきかといったレビュープロセス、図81はプロセス別の主要なレビューポイントを表しています。

レビュープロセスの前提となるのは、やはり冒頭にお話しした資料作成の5つのステップです。このステップに応じてレビュアーの目のつけ処も変わってきます。

まず資料作成の【Step 1 目的】では、成果物の位置づけやゴールといった根幹を確認する必要があります。また、【Step 2 ターゲット】では、ターゲットの設定は妥当か、仮説設定上の見落としはないか、【Step 3 メッセージ】では、事実・論理に誤りはないか、強調ポイントは明確か、【Step 4 構成】では構成が相手の思考プロセスに合っているか、【Step 5 ビジュアル化】では、情報の分類・構造化は適切か、見せ方は理解を促進しているか、といった視点が必要になります。

こうした視点を図80のレビュープロセスの中で活かして、成果に結びつけていくことが問われます。

レビューは、プレゼンなどで最終的な成果物を出すまでに、多くても

図79 **レビュアーの視点**

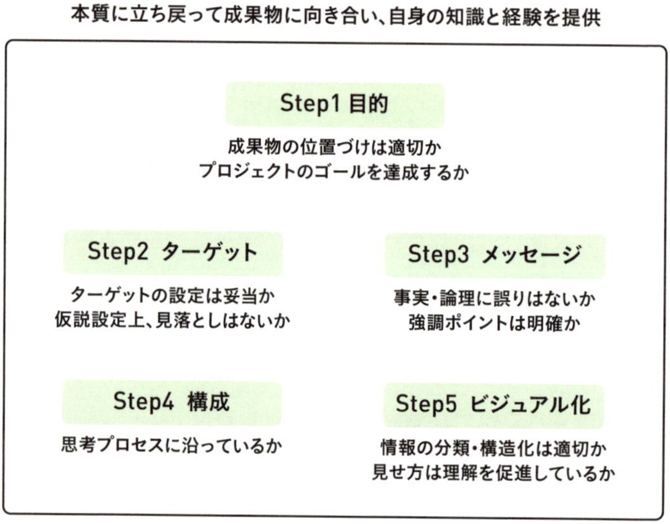

本質に立ち戻って成果物に向き合い、自身の知識と経験を提供

Step1 目的
成果物の位置づけは適切か
プロジェクトのゴールを達成するか

Step2 ターゲット
ターゲットの設定は妥当か
仮説設定上、見落としはないか

Step3 メッセージ
事実・論理に誤りはないか
強調ポイントは明確か

Step4 構成
思考プロセスに沿っているか

Step5 ビジュアル化
情報の分類・構造化は適切か
見せ方は理解を促進しているか

3度までにしたいところです。レビューに向けた事前準備とレビューミーティングを適切に行って、最小限のレビューで成果物を完成段階に導くようにしましょう。

　レビュープロセスは、図80のとおりです。①方針レビュー、②ドラフトレビュー、③最終レビューの3つのプロセスになります。慣れれば①と②を同時にしたり、作成者のスキルが高ければ③だけ、ということももちろんあります。さらに直接的な資料作成プロセスではありませんが、資料の質を高めるため、本番前にはリハーサルを行い、さらに本番後にはラップアップまで行うのが理想的です。

　リハーサルはとても重要です。作った資料をもとに実際に話してみるとうまく説明できなかったり、理解が不十分だったりする箇所に気づくものです。リハーサルをすることによって、品質を上げることができるので、重要な資料の場合には、③のレビューで実施するとよいでしょう。

　また本書の冒頭で、プロフェッショナルな資料は、安心・満足レベルを満たした上で感動レベルをも満たしている必要があるとお話ししまし

図80 レビュープロセス

レビューに向けた事前準備とミーティングを適切に行うことができれば、
2度のレビューで成果物はほぼ完成段階を迎える

	レビュープロセス			さらに品質を追求するには		
	①方針レビュー	②ドラフトレビュー	③最終レビュー	リハーサル	本番	反省会
完成度	50%	80%	100%	110%	120%	次の品質へ
レビュー内容	方針、アウトプットイメージ(=アジェンダと各ページのフレーム)の決定	各ページのメッセージ、品質のレビュー	全体的な品質、コスメティクスの最終確認	明瞭簡潔な説明を追求クライアント担当者への事前送付(安心確保)	資料、プレゼンの相乗効果(満足・感動の獲得)	準備段階及び本番を通じて良かった点、悪かった点を共有

たが、感動レベルに到達するために、本番では資料が「100％」だとするならば、コミュニケーション全般としてはさらに「120％」の完成度を意識する必要があります。

そして、本番が終わったらそれで終わりというわけではなく、次の品質と自己のステップアップにつなげていくために、必ずラップアップを行います。よかった点、悪かった点、こうすればさらによかったという点を共有しましょう。

プロセス別のレビューポイント

レビュープロセスの①方針レビューでは、資料作成の方針とアウトプットイメージ（＝アジェンダと各ページのフレーム）を決定します。この段階で完成度の半分が決まります。ここでは、【Step 1】の「何のために資料を作るのか」といった目的の再確認と資料の位置づけがカギになります。ここで間違うと、その後はすべて総崩れになってしまいますから、特に重要なところです。

しかし実際には、ここでつまずいているケースをよく目にします。方針レビューなしで資料作成を進め、ドラフトレビューの段階で方針の間違いに気づき、根底から覆ってしまうというケースがよくあるのです。というのは、部下の立場にある場合、業務の全体像や依頼された背景が見えておらず、そもそも何のために資料を作るのか把握できないまま資料作成に入っていることが多いからです。

これをそのままにしておくと、ボタンを掛け違ったまま進んでしまいますから、目的をしっかり確認するのがレビュアーとして一番の責務になります。

この段階では少なくとも、【Step 1】の目的と達成基準が明確化されていることと、【Step 2】のターゲットの設定が妥当でありそのプロファイリングが出来ていること、【Step 3】の主要メッセージが適切であることと、ゴールを達成できるアジェンダであることまでは確認します。加えて、ストーリー構成、スライド構成の概要までチェックしたい

図81 プロセス別主要レビューポイント

手戻りを発生させないために、方針レビューではアジェンダを確定

		①方針レビュー	②ドラフトレビュー	③最終レビュー
レビュー内容		方針、アウトプットイメージ（=アジェンダと各ページのフレーム）の決定	各ページのメッセージ・品質のレビュー	全体的な品質、コスメティクスの最終確認
レビューポイント	Step1 目的	◎ 目的と達成基準が明確である		◎メイン・レビューポイント：このタイミングで完成させ、その後のレビューではブレがないことを確認 ○サブ・レビューポイント：このタイミングでの完成は必須でないが、ゴールに対して大きなずれがある場合は指摘
	Step2 ターゲット	◎ プロファイリングが完了している		
	Step3 メッセージ	◎ ゴールを達成できるアジェンダである ◎ ゴールを達成できるストーリー構成である	◎ メッセージが論理的でわかりやすく、ゴールとリンクしている	
	Step4 構成	◎ 用語定義、スライド構成、各ページフレーム、記述レベルが決まっている	◎ 用語、スライド構成、各ページの内容の整合性が取れている	
	Step5 ビジュアル化		◎ メッセージと表現方法が合致している	◎ ビジュアル化技法が理解を促進している

ところです。

　②ドラフトレビューは、資料がおおよそできあがっている状態で、メッセージが論理的にきちんとストーリーや構成に落とし込まれているか、用語、スライド構成、各ページの内容の整合性が取れているかを確認します。

　③最終レビューでは、目的もストーリーも構成も整合性が取れている上で、ビジュアル化の技法がきちんと効果的に使われており、最終的に伝わりやすい資料となっているかどうかをチェックします。

　上記①から③までのプロセスのうち、資料作成者のスキルや仕事の状況によって、①②あるいは②③をまとめて行う場合もあります。部下が最初の段階で完成形に近いものを出してきた場合などは①②を一度で済ませますし、①の方針レビューでしっかりと認識合わせができれば「後は任せた」と②と③をまとめる場合もあります。

一番重要な「方針レビュー」のポイント

　方針レビューはレビュープロセスの中でも最も重要ですが、具体的にこの段階でどの程度まで確定したらいいのかといった質問をよく受けます。図82に方針レビューの段階で確定すべきレベルをあげました。

　たとえばアジェンダの確認では、「X社事業の現状」という項目があったとき、その「現状」とは何を指すのか、人によって認識が異なります。したがって、「現状には、市場と商品を軸にマップを書きましょう」と確認し合って、実際に図をフリップチャートやノートなどに書いてみるところまでやるとよいでしょう。

　また、「課題と対応策」のスライドを作るとしても、人によっては「A事業、B事業、C事業の3つの事業を1枚でまとめたほうがよい」という人もいれば、「それでは大まかすぎるから事業ごとに分けて説明するべきだ」と考える人もいます。方針レビューの段階で「3つの事業について1枚ずつ課題と対応策をまとめます」とおおよその表現方法と

図82 「方針レビュー」段階で確定すべきレベル

目的・達成基準をクリアできるかとともに、データは収集できるのか、整理するフレームの見当はついているかなどの作業の実現性も確認しないと、手戻りや進捗遅れの原因になる

アジェンダ
- X社事業の現状
- 課題と対応策
- ロードマップ
- ……

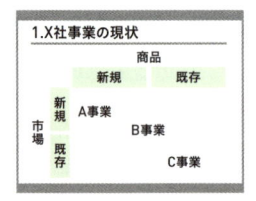

1. X社事業の現状（商品：新規／既存、市場：新規／既存、A事業、B事業、C事業）
- メッセージの出そうな縦軸・横軸
- 大きさの単位（金額・出荷量）

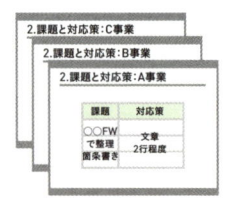

2. 課題と対応策：A事業／B事業／C事業
（課題／対応策、○○FWで整理 箇条書き、文章2行程度）
表現方法×分量
⇒おおよその記述レベル

3. ロードマップ
（現状 2007年 XXを実現 → 200X年 → 201X年 あるべき）
- 表現方法
- 時間感覚

分量を示し、ボリューム感の確認もしておくとよいと思います。
　また、「ロードマップ」のスライドを作るとしても、様々な時間感覚のものがありますから、年次別のものでよいのか、それとも1年ごとに何をすべきか詳細な実行計画的なロードマップが必要なのか、この点も確認しておくとよいでしょう。
　面倒なようですが、ここまでやってしまえば大きくぶれることはありませんから、後は安心して中身を詰めていくことができます。

おわりに

「おもてなしの心」で資料を作るということ

　私が資料作成を自身の強みとして認識したきっかけは、私が作成した資料をあるエグゼクティブの方から「一目見れば理解できるから説明不要」と言われたことがきっかけでした。「説明しなくてもいいなんてラッキー！　資料作成を頑張ってよかった」と思ったのです。職業柄、意外に思われるのですが、私はあまり話すことが好きではありません。特に現状や主張を理解していただくために多くの時間を割くのは最も避けたいと常日頃思っていたので、説明が不要で「一目でわかる資料」にこだわり始めました。

　そして次第に「資料がわかりやすい」という評判が立ち、「ビジュアルクイーン」というありがたい称号をいただき、研修を行うようになり、「清水さんのような、わかりやすい資料を作れるようになれ」とマネージャーに言われて研修に参加しました」と口コミで受講者が増え、講演などのご依頼をいただくようになってきました。

　本書には、これまでに蓄積してきた私のノウハウをつぎ込みました。もっとも、表現やコミュニケーションのテクニックは日進月歩です。これからも私自身、日々精進し続けたいと思っています。

　様々な高機能ツールが登場したことによって、資料作成は、効果的・効率的になったはずでした。しかし実際には、資料の量産が可能になっただけで、質の高い資料はむしろ減ったように感じる方も多いのではないでしょうか。また読者の方も、大量のグラフや表、小さな文字がたくさん書かれた複雑なチャートを作ることが「仕事そのもの」になっている、ということはないでしょうか。

　提案やプロジェクトの資料の中で何度も何度も活用されるチャートのことを「キラーチャート」と呼んでいます。そんなキラーチャートをい

epilogue

くつか振り返ってみると、それらは、お客様のことを徹底的に考えたオリジナリティのあるソリューションコンセプトであったり、複雑な現状から本質的な根本原因を際立たせて多くの人に問題意識を持たせる現状分析結果であったり、進捗や課題がぱっと見て目に焼きつくような進捗レポートであったり、まさに考え抜かれた「渾身の1枚」とでもいうべき資料です。これらの資料は、今でも関係者の記憶に残っています。

　本書では料理のアナロジーを用いて、「おもてなしの心」で作成する資料作成を説いてきました。料理もそうですが、大量生産されたものではなく、自分のことを徹底的に考えて作られたおもてなし料理こそ、誰もが美味しいと感じる料理のはずです。技術や製品・サービスの優位性が圧倒的に異なることが少なくなってきた現代では、料理も資料も、選ばれる決め手は「おもてなしの心」だと信じています。

　私はお料理や写真、フラワーアレンジメントが趣味で、素晴らしい先生達に師事させていただいております。ビジネスの世界とは異なりますが、いつも教室にうかがうたびに、そのお客様を思う心やこだわり、センスに感動し、様々な技を教えていただくだけでなく、自身の在り方を省みるきっかけを与えていただいています。私に「おもてなしの心」の大切さを教えてくださった先生方、いつも温かく愉快なお教室仲間の皆様に心からの感謝とともに本書を捧げます。

　そして一緒に渾身の1枚を追求し続けている仕事の仲間達、厳しくも温かいレビューをしてくださるリーダーや先輩の皆様、その他ご尽力いただいた皆様、いつも変わらず支えてくれる家族に心から感謝します。

　最後になりましたが、本書を手にとっていただいた皆様が、「おもてなしの心」とテクニックを追求し、多くの人々の記憶に残る「渾身の1枚」を作成されることを願っております。

2012年4月　清水久三子

著者紹介

日本IBMグローバル・ビジネス・サービス事業部，ラーニング＆ナレッジ部門リーダー．
1969年，埼玉県生まれ．お茶の水女子大学卒．大手アパレル企業を経て，1998年にプライスウォーターハウスコンサルタント（現在は日本IBMグローバル・ビジネス・サービス事業部に統合）入社．新規事業戦略立案・展開支援，コンサルタント育成強化，プロフェッショナル人材制度設計・導入，人材開発戦略・実行支援などのプロジェクトをリードし，企業変革戦略コンサルティングチームのリーダーを経て現職．プロジェクトマネジメント研修，コアスキル研修，リーダー研修など社内外の研修講師をつとめ，コンサルタント，IT人材のキャリア・能力向上を担う．延べ1500人のコンサルタントの指導育成経験を持つ「プロを育てるプロ」として知られている．著書に『プロの学び力』『プロの課題設定力』（東洋経済新報社）がある．

プロの資料作成力

2012年6月7日　第1刷発行
2014年5月22日　第10刷発行

著　者　清水久三子
発行者　山縣裕一郎

〒103-8345
発行所　東京都中央区日本橋本石町1-2-1　東洋経済新報社
　　　　電話　東洋経済コールセンター03(5605)7021

印刷・製本　丸井工文社

本書のコピー，スキャン，デジタル化等の無断複製は，著作権法上での例外である私的利用を除き禁じられています．本書を代行業者等の第三者に依頼してコピー，スキャンやデジタル化することは，たとえ個人や家庭内での利用であっても一切認められておりません．
ⓒ 2012〈検印省略〉落丁・乱丁本はお取替えいたします．
Printed in Japan　　ISBN 978-4-492-04461-2　　http://toyokeizai.net/